婚恋心理与技巧

李海波 —— 著

HUNLIAN XINLI
YU JIQIAO

深圳出版社

图书在版编目（CIP）数据

婚恋心理与技巧 / 李海波著 . -- 深圳：深圳出版社 , 2022.12

ISBN 978-7-5507-3676-4

Ⅰ．①婚… Ⅱ．①李… Ⅲ．①婚姻—社会心理学②恋爱心理学 Ⅳ．① C913.1

中国版本图书馆 CIP 数据核字 (2022) 第 211125 号

婚恋心理与技巧
HUNLIAN XINLI YU JIQIAO

出 品 人	聂雄前
责任编辑	雷　阳
责任校对	董治钥
责任技编	郑　欢
封面题字	李爱明
装帧设计	知行格致

出版发行	深圳出版社
地　　址	深圳市彩田南路海天综合大厦　（518033）
网　　址	www.htph.com.cn
订购电话	0755-83460239（邮购、团购）
设计制作	深圳市知行格致文化传播有限公司
印　　刷	深圳市华信图文印务有限公司
开　　本	787mm×1092mm　1/16
印　　张	15.25
字　　数	179 千字
版　　次	2022 年 12 月第 1 版
印　　次	2022 年 12 月第 1 次
定　　价	39.00 元

版权所有，侵权必究。凡有印装质量问题，我社负责调换
法律顾问：苑景会律师 502039234@qq.com

PREFACE 序

做生活的艺术家

十几岁时家中没有书桌，我就把一块案板用砖头支起来趴在上面写东西，那个时候的我心中有一个作家梦。那一年我写的一首散文诗发表在期刊上……

十几年过去了，这个梦醒了，在摄影圈兜兜转转13年，这期间既有背井离乡打工人的漂泊，也有而立之年创业失败的挫折。写作和摄影同属艺术，细想这些年走过的路和年少时的梦想只是表现形式不同，其内涵却是相同的。

30岁时的我以为偏安于一座小县城，拥有自己的小家庭，过一份普通人的生活就是余生的全部，可是命运不会按照我所期待的剧本那样演出。没有学习过婚恋相关知识，也没有认真思考过家庭对于人生的意义，对两性关系的认知几近于零的我就这样懵懵懂懂走进了婚姻。上天在这段剧中给我安排的不是互相攻击就是互不理睬，各种备受煎熬、高潮迭起的剧情在我的生活中困扰着我和其他参与其中的"演职人员"。面对这一切，我茫然不知所措，像大多数男人一样，用更激动的情绪来处理糟糕的关系，用更痛苦的内心来定义糟糕的人生。

当亲密关系走到尽头时，我破产了，生活似乎把我推入了深渊，已过而立之年的我又一次背起简单的行囊，恰似多年前的那个少年，再一次踏上已经陌生的城市和陌生的打工路。

"当你在深渊时，无论朝哪个方向努力都是向上。"重新开始需要的仅仅是放下内心种种的顾虑，迈开已经生疏的双脚，给自己和希望一些时间。3年时间转眼即逝，虽然过得并不轻松，但收获是巨大的。当彻底解决了过往的情感牵绊，生活回到正轨，有了新的奋斗目标和方向，内心又是非常轻松的。

生活的稳定并不能够解决人内心的困惑：人为什么要谈恋爱和结婚？为什么有的人把亲密关系处理得非常好，有的人在亲密关系中却过得生无可恋？为什么走入婚姻的两个人最后会变得形同陌路，甚至是仇人？为什么……

太多太多的问题我想不明白，夜深人静时，我的内心都会打出一个个大大的问号。

求知欲让我又一次拿起书本，走进课堂学习和研究心理学，以探究婚恋中各种问题的成因和解决之道。

在学习和做咨询的过程中，我发现有太多人和我一样不了解婚恋知识，也不会处理与伴侣及其他家庭成员之间的关系。

人的命运可以改变吗？改变人的命运很难吗？怎么去改变人的命运？改变一个人的命运其实就是要改变这个人，运随人转；改变这个人就是要改变这个人的行为模式，果由行决；改变这个人的行为模式就是要改变这个人的思维模式，行成于思。思维模式就是一个人的心智模式，就是我们的大脑，就是我们传统文化里所说的"心"。

研究人的心理不仅仅是研究人生物学意义上的神经系统的构造和机制，还要研究这个人的生活背景、文化背景、地域背景、过往经历等方面，这是一个严谨的、全面的、复杂的、细致入微的工作。

从事心理咨询工作不仅要求咨询师具备专业的心理学知识和丰富的实践经验，对其心智模式也有极高的要求，因为咨询师本身就是一个"治疗工具"，最终影响和疗愈来访者的，是咨询师本身的人格特质。这是心理咨询行业和其他行业一个非常大的区别，咨询师在工作中只能做真实的自己，因为来访者有一个共同的特质，就是心理敏感度极高。所以做心理咨询表面是在度他人，实则是在修自己。

心理咨询是一门语言的艺术，更是思维灵活度的艺术，咨询师的一言一行对来访者都有潜移默化的影响。

写作是作者表达思想和运用文字的艺术，摄影是摄影师捕捉光影和看世界的艺术，心理咨询是咨询师自我修炼和提升影响力的艺术。回顾自己的前半生，突然发现自己一直在从事和艺术相关的事业。

其实我们每个人都是艺术家或是具备艺术家的潜质。把菜烧得色香味俱全是一门艺术，把家里收拾得井井有条是一门艺术，把工作做得游刃有余是一门艺术，舞跳得行云流水是一门艺术，歌唱得感心动耳是一门艺术，处理好和爱人的关系是一门艺术，过好自己的日子是一门艺术。人人都可以是自己人生的艺术家，我也在努力成为一个艺术家，一个工作的艺术家、一个生活的艺术家。

2022 年 4 月于惠州

PREFACE 前言

本书是我近些年学习心理学的总结，也是社会生活实践和心理咨询工作经验的分享。起心动念既是对自己研究的梳理，也希望能帮到更多想了解自己、了解婚恋知识的人，最后就是圆自己一个多年来著书立说的梦想。

本书的前半部分偏重于理论阐述，后半部分侧重于具体技巧和方法。

本书的写作定位是去专业化、去学术化，尽量通俗化、简单化、实用化。本书对于婚恋的研究一定不是全方位的，也不是适合于所有人的，一定是带有我个人很多主观性的论断，所以请读者在阅读过程中，觉得有帮助的用之，没有帮助的就果断弃之。

知识是为人服务的，是为了让人生活得更轻松、更快乐，千万不要为知识所累。知识是工具，称手就用，不称手就赶快换一个，适合你的才是最好的。

本书的完成首先要感谢家人给我的理解和支持，尤其要感谢我的爱人，没有她的包容和奉献，我无法安静地、心无旁骛地完成书稿，完成我多年来的一个心愿。这也充分证明了一个人想要专注地做些事情，离不开稳定的家庭、和谐的关系。其次要感谢我人生路上的良师益友，感谢这个伟大的时代，没有一个良好的社会支持系统，没有前辈对知识孜孜不倦地传播，我们每个人都无法安全地、专注地获得这些宝贵的知识财富。

在稳定的社会环境中生活，在和谐的家庭关系中成长，被有爱的亲密关系滋养，这是我们每个人都渴望得到的，也是实现自我、追求人生理想的重要基础和动力源泉。

这是我的第一本书，难免有很多不足之处，希望读者们多多交流互动，提出自己宝贵的建议，知识的产生不是闭门造车，而是不同思想的碰撞，是不断地修正和融合。

2022 年 4 月于惠州

目 录
CONTENTS

第一章 恋 爱　　001

爱情	002
贪爱	006
爱贪	008
谈爱	010
爱我	014
我爱	016
喜欢与爱	021
三角·爱	023
说·爱情	026

第二章 婚 姻　　029

婚姻是需求的基本要素	030
婚姻的基础	032
婚姻的保障	037
婚姻的能力	039
离婚的秘密	051
再婚的选择	055
真的有幸福	059
婚姻新要求	061

第三章 家 庭　　063

融合的家	064
夫妻的家	065
父母的家	072
孩子的家	075
现在的家	077
未来的家	080
理想的家	083
家的问题	085
孩子的问题	088

第四章 提 升　　093

个人成长提升	094
两性关系提升	123
家庭关系提升	149
做比萨饼	158
知道和做到	160
婚前必读	165
伤害婚姻	178

第五章　案　例　　191

对话　　192
现象　　196

第六章　海～说　　211

第七章　婚恋咨询　　221

婚恋情况自我评估　　222
评估表内容诠释　　224
自制婚恋自我评估表　　226
婚姻状况评估表　　227
婚姻状况评估表详解　　229
婚姻三大功能　　231

| 第一章 |

恋 爱

LOVE

* 爱情

爱情是人际吸引最强烈的形式，是身心成熟到一定程度的个体对异性产生的有浪漫色彩的高级情感。

爱情有以下五个特点：第一，爱情一般是在异性之间产生的，狭义的爱情专指异性恋，不含同性恋；第二，爱情是个体身心发展到相对成熟的阶段时产生的情感体验，幼儿没有爱情体验；第三，爱情是一种高级情感，不是低级情绪；第四，爱情有生理基础，包括性爱因素，不是纯粹的精神上的依恋；第五，爱情的基本倾向是奉献。

衡量一个人对异性有无爱情，强度如何，可以通过"是否发自内心，帮助所爱的人做其期待的所有事情"这个指标来判断。

以上是心理学中对爱情的定义。

如果让我们自己来定义爱情，估计每个人的理解和表述都不太相同。为什么每个人对这两个字会有不同的解释？因为爱情是一种感受，这种感受是很主观的。既然是主观感受，那每个人的感受肯定是不同的，而且很难用语言文字进行准确描述。

我们在描述自己爱的人时既有主观感受，如对我好、让我有安全感、体贴、温柔，等等；也有客观事实，如长得帅、漂亮、有能力、会做饭、幽默、孝顺父母，等等。所以爱情因主观感受而存在，却需要客观条件去巩固和延续。

很多爱情甚至婚姻因为客观条件而分开，比如父母因素、经济因素、异地因素，等等。当然有些人会说，分开了证明爱的程度不够，甚至说那不是真爱。我想说，一个心智相对成熟的人如果能够把爱情分成主观感受和客观事实两个层面来看的话，就不会有那么多的纠结和痛苦。

你爱一个人但暂时没有能力和他在一起，他爱你但是你的条件暂时达不到他的要求，你的条件符合他的要求但他对你就是没有爱的感觉。我想这就是所谓的感觉是可遇而不可求的，现实是可求而不可遇的。没有爱情而在一起那是强扭的瓜不甜，有了爱情因为现实分开那是造化弄人。

如果你能够把爱情的主客观因素分开来看，心中也许就多了一份轻松和释然：有爱情却因为现实条件不能在一起，证明你有爱的能力，但是需要在现实生活中多做努力，提升自己的方方面面，为把握住下一次爱情做好准备；有客观条件但就是遇不到爱情，那可能是你的认知和方法出了问题，需要投入更多的精力，还有就是需要更长的时间去寻找。

有时候两个人在客观条件上的匹配度很高，颜值也好，学历也罢，都称得上"门当户对"，但就是没有爱的感觉；也有很多人看上去很不般配，但却爱得死去活来，所以是爱情在前，匹配度在后。

我们每个人的心里都有一个理想恋人，比如身高、体重、样貌、学历、经济状况等都会有一些标准，当有一天你真的爱上一个人时，会发现有一些方面和你之前设想的理想恋人的标准是不相符的，那么我们就会把这些不相符的地方去合理化。比如你原先是身高一米八以下不嫁，可你现在的恋人只有一米七，你就会慢慢地把这个身高合理化，到最后会觉得其实一米七也挺好的。反过来，如果各方面条件都符合，但是却聊不到一块，更不用说心动了。所以说，感觉是重要基础，客观条件是可以调整的。

为什么每个人爱的对象会不一样呢？有这样一种解释：如果你现在和恋人相处得不错，那么你可以考虑，和对方在一起的感受像不像和自己的异性父母（或者是重要养育者）在一起时的感受。如果相处有问题了，你可以反思是不是在要求恋人对待自己要像父母对待自己那样，然而对方却做不到，自己从而产生不满情绪。用另一种表述可能会更直观一些：找老公就是找另一个"爸"，找老婆就是找另一个"妈"。和这个"爸"或者"妈"相处时，有似曾相识的感觉，其实那就是和你父母相处的感觉。但是这个"爸"或者"妈"又做不到像自己的爸或妈那样对待自己，那么你就要明白，这个"爸"或者"妈"并不是你的爸或妈，只是你的男友或者女友，爸妈能为你做的只能让爸妈去做，而不是让恋人去做。因为找错了对象，所以做也做不到。恋人只能给你恋人这个角色所能给你的，给不了父母给你的。同样，父母也只能给你父母这个角色所能给你的，给不了恋人给你的。所以，如果在这个角色身上要求另一个角色才能给你的，结果注定要以失败收场。

这就是爱人和父母在感受上的相同性和在现实生活中的差异性。

你可以享受这种感觉，但不能要求双方的身份功能互换，这是不合理也是不可能做到的。

在和一位前辈聊天时谈到了离婚这个话题，前辈讲：为什么现在离婚率高？有个重要的原因是现在的人太强调爱情，爱了就在一起，不爱就分开，所以动不动就离婚，不像他们那个时代的人，有没有爱情不是最重要的，对家庭的责任是第一位的，爱情倒在其次，所以离婚率就低。这位前辈讲的不无几分道理，他是从时代发展的角度去分析，时代却不是我们能够左右的，每个时代有每个时代的环境特性，正所谓世界潮流，浩浩荡荡，顺之则昌，逆之则亡。

为什么现在我们会把爱情排在婚姻的第一位呢？其实进入婚姻的动机一般来说有三种：经济、繁衍、爱情（包括性）。人类在发展进化的过程中，这三个动机的排位是不断变化的。早期排在第一位的是经济，其次是繁衍，最后是爱情。后来随着物质的发展，人们能够吃饱穿暖，繁衍就排在了第一位，经济排在了第二位，爱情还是排在最后。到了现代社会，物质极大丰富，思想也空前解放，女性地位提高，她们更多地参与到社会工作生活中来，个人自由成为生活中的重要追求，爱情变成人们步入婚姻的主导动机，之后才是繁衍动机和经济动机。

* 贪爱

爱情的状态大体有三种：我爱你，你不爱我；你爱我，我不爱你；彼此相爱。如果彼此相爱，那自然很好；如果是前两种，就要注意分寸，也就是度。

爱美之心，人皆有之。看到漂亮的女孩和帅气的男孩都会让我们心生爱慕之情，可是你喜欢人家，人家未必就喜欢你。感觉这个东西是强求不来的，而且我是不主张"死缠烂打"的。有的人追求对方好几年，如果追不到，那还不如用这几年的时间好好提升自己，提升自身的竞争力，吸引更多优秀的异性。如果追到了，对方可能只是被你的诚意感动而步入婚姻，我想这份感情的基础是不牢固的，一旦对方遇到真正相爱的人，扪心自问，两情相悦和感激或感动之情哪个更重要？结果往往是爱情的感性之心占据上风，很有可能上演一场悲剧。

追求自己喜欢的人无可厚非，当人家明确表达对自己没感觉时就要适可而止。很多时候不是你不够好，而是彼此不匹配，只要在下一次恋爱前做到总结经验，提升自己，合理调整目标，就会增加成功率，不必患得患失。当然，对于喜欢自己的人没有感觉时，也要明确告诉对方自己的态度，不要模棱两可，让对方觉得还有希望，那样只会浪费彼此的时间和心力，最后可能对两个人都造成伤害；更不能担心拒绝会伤害对方而犹豫不决，拖延只会让结果更糟。

还有一种情况，是当单恋的一方为对方付出时间和物质之后，真的确定对方不爱自己时，会向对方索要自己曾经赠送的财物。当然，如果是大额的财物，想要回来情有可原；如果只是请吃了顿饭，看了场电影，买了几件衣服，还要去计较，那就没有必要了。为自己心爱的人做一些包括物质上的投入是一种奉献的满足，要感谢对方给了自己这样的满足，不是所有人都会给你追求的机会。当然，在恋爱中，尤其在不确定对方就是你要找的人时，接受对方贵重的礼物，显然也是不合适的。不是在彼此相爱、确定要结婚的前提下过度给予或过度索取，都是不合适的，还有可能造成不可收拾的局面，对今后的生活和恋爱都会造成很大的影响。

适度的要，适度的给，才是适度的爱情。

* 爱贪

想要更多更好是人的天性，这种欲望是人类前进的重要动力，但如果欲望超出了你的能力，或者想要的远远大于你所能得到的，我们的内心就会产生失落感，或者是其他的不良情绪。

在两个人相爱的过程中，同样也遵循这个规律：第一，你以什么方式对待恋人，也会希望对方以相同的方式来对待自己；第二，我们总希望对方爱自己多一些，甚至是忠贞不渝；第三，我们总希望对方能够给到自己想要的。

我们要知道，人和人是不同的，即使是非常相爱的两个人也会有很多不同之处，我们要承认这个现实的存在，不是爱你就要一味地顺从你，也不是爱我就要都按我的意愿去生活。现实生活和爱是两个层面的事情，我们要把这两者区分开来，就像你爱喝可乐，如果想一辈子喝下去，就要有所节制，如果每天疯狂地喝，估计过不了几年身体就会告诉你，你再也不能喝可乐了，你的后半生都要和你爱的可乐无缘了。所以节制是相处的方法，并不代表不爱。有方法的爱，才能爱得长久，才能相爱一生。

我爱你，也允许你和我不同，允许你有和我不一样的处事方式，尽管我会有不认同，但那是真实的你自己，我必须尊重。爱是适度拥有而不是完全占有，在一起我们是个整体，独处时你是独立的个体，我也是独立的个体，我们既有相同的世界，也有属于自己的不同的世界。我想要的会表达出来，也希望你把想要的也表达出来，因为我想更了解你，也想让你更了解我。

适度的爱，适度的需求。什么是适度，就是两个人都感觉舒服，起码不会痛苦。如果让自己或者对方不舒服了，那就要适度地觉察，适度地调整。

✻ 谈爱

所谓谈恋爱，一个是爱，另一个是谈。爱是本能需求，谈是相处能力。需求需要满足，能力可以提升。所以提升自己的能力才能更好地满足自己爱的需求。

爱情可以让神经系统分泌激素，从而让人产生愉悦感。每个人在神经上的兴奋度不同，兴奋的时间长短也有所区别，一般在几个月到几年时间不等，因人而异。我们明白了这个生理现象，就可以回答一个困扰很多人的问题，那就是当激素不再旺盛分泌，大脑的理性层面多过感性层面时，激情就会减少，从前的甜言蜜语、卿卿我我，甚至24小时都想腻在一起的感受，和现在平静甚至有些倦怠乏味的生活形成鲜明的对比，你的内心就会出现反差，从而对两个人之间的感情产生怀疑。于是在内心质疑："他（她）是不是不爱我了？"其实这是很正常的生理现象。我们不了解自己身体的运行规律，以为这种热恋激情可以维持一生，可是你想，如果一个人一直处于高度兴奋的状态，身体和精神都是承受不了的，是不符合事物发展规律的。所以，一段时间后激情退去是非常正常的生理现象，回归到理性的现实生活也是必然，千万不要和爱或不爱联系起来。如果这样去判断对方，很可能会因为我们的无知给生活带来烦恼，甚至是严重的后果，而且自己的激情也会慢慢退去，你是不是也会怀疑自己也不爱对方了呢？激情退去是正常的，只是大家在生理层面上不一样，有的人快一点，有的人慢一点而已。

有一个故事是这样的：一对恋人在热恋期过去后，男友把更多的时间投入到工作中，不再有往日的激情，取而代之的是每天加班回到家后疲惫的身躯，对恋人也少有热情。于是有一天女友问："你是不是不爱我了？"男友自然是否认、解释和安抚。过了一段时间，女友又问了同样的问题，问的次数多了，男友也懒得解释了。突然有一天，男友也在心里问自己是不是不爱女友了，之前热恋时很有激情，现在激情减退甚至消失了，这让他也很苦恼。于是在两个人都觉得彼此不再相爱后分手了。这是一个认知错误带来的悲剧故事。

爱的激情就像一辆行驶的汽车，当你的速度超过120km/h时，就会被限速，当遇到路况不好时还会降速，而且你也不能一直保持行驶的状态，这样车受不了，驾驶员也受不了。所以每隔一段距离，就会有服务区提供休息，而且车没油了还得加油，车子开到一定公里数还要保养，出了事故还要大修……

这像不像爱情？热恋期可以跑120km/h，这个速度很爽，风驰电掣。如果继续踩油门就会超速，还可能发生危险。开累了自然要降低速度，还要到服务区休息下，加点油，补充点能量。出了问题就要停下来去检修，如果是大问题，还要去大修。

当激情退去，回归到理性的情感需求中时，才是对我们人生真正考验的开始。热恋时，头脑感性的部分占据主导，基本是兴奋快乐的感觉在唱主旋律；当激情慢慢退去，理性的思维就会占据主导，你才会看到一个相对全面的真实的对方和自己，才会看到人间的烟火气，时间久了，你还会看到对方不尽如人意之处，对方也会发现你的各种毛病，甚至是问题。我想再说一次，这都是正常的，如果不是这样，反而会不太正常。所以，我们很多时候是把正常当作异常，把异常当成正常了。

如果说热恋像用尽全力跑百米，你感受到了速度与激情，那么之后的生活就像是在跑马拉松，心态和策略就不能和跑百米时一样了，否则就跑不完全程，大家想想是不是这个道理？第一，要知道热恋期过去后不是不爱了，而是正常的生理现象。第二，跑完百米，我们就要开始跑马拉松了，双方的心态和相处方式要根据现实生活去调整，才能修成正果，携手一生。

还有一个非常重要的点，就是激情退去不等同于对彼此一点感觉都没有了，我想爱情就像股市里的曲线，走势高高低低，时而平静时而翻腾，它是以不规律的曲线状态存在的。所以不要担心爱情已经永远地离你而去，一切都在动态变化中，就像结婚几十年的夫妻偶尔看向彼此的眼神中依然充满激情和爱慕。爱情和身体一样需要保养和维护，而不是透支和破坏。有人用情感银行作比喻，我觉得非常贴切。两个人之间的良性互动（比如为对方做些喜欢的事）就像往这个情感账户里面存钱，两个人之间的每一次矛盾和争吵就像从这个账户中取钱，你们是存的多一些，还是取的多一些呢？

谈的能力涉及两个方面：一个是你的硬实力，另一个是你的软实力。

什么是硬实力？就是我们可以看得见的现实的东西，比如身高、体重、长相、学历、家庭背景、工作、收入，等等。这些是实实在在不能弄虚作假的，否则总会有谎言被戳穿的那一天，到那时不仅会自食恶果，也会伤害到别人。所以对于硬实力，我们要面对现实，事实是怎样就如实表达，无须骗人骗己。如果你对自己的硬实力不满意，那就努力学习、勤奋工作，改变和提升才是唯一出路。

什么是软实力？就是你的思维能力、为人处世，也就是智商和情商。有些人说，我天生就不会谈恋爱，天生就没有异性缘。各位，我想告诉大家的是，头脑里的东西都是可以通过学习去得到和改变的，是后天可以习得的。当你拥有了选择环境的能力和想要学习的动力，那么你也会慢慢拥有良好的异性缘，你也会在恋爱中谈得如鱼得水。

谈恋爱不是一门玄学，不要把它想象得多么高深莫测。提升自己的硬实力可以让你吸引到更多优秀的异性，想要提升软实力需要你不断地学习和实践，当你看清楚人性和异性时，你就可以把恋爱谈得明明白白。

✻ 爱我

你是一个爱自己的人吗？我想没有人是不爱自己的，只是每个人爱自己的方式不同罢了，或者有时候我们不知道该如何爱自己，又或者不是以他人能够理解的方式爱自己。

爱是一种本能，每个人都有，只是被压抑，或被释放，甚至是被扭曲、被转化了而已。爱需要能力才能展现出来，这种能力是后天习得的。我们不用人教就会自然而然喜欢一个人，但是如果没有学习，我们就不知道该怎么表达这份情感。现在社会上说的"直男"指的就是这种情况：有爱的需求但是没有表达爱的能力。

我们生活在同一个世界，但是每个人的内心世界却不同，我们都拥有一个独一无二的属于自己的世界，在我们自己的这个世界里我们是绝对的主宰，就是说我是我的世界的主人。如果主人能够身心健康，发展顺利，那么这个世界就会变得更好；如果主人出了问题，那么这个世界也会黯淡无光，甚至变成人间炼狱。

你的世界是在为你服务，如果开开心心、一切顺利，自然没有问题；如果出现了问题，我想你可以重新去调整自己的世界，因为你是主人，你说了算。

然而很多时候，我们把这个主动权交给了别人，变成了自己的世界由别人说了算。如果结果是好的，你暂时还能接受，但是这样久了，你一定接受不了，因为终究有一天你会发现自己的人生是被操控的。你会陷入失去自我的痛苦之中，你的生命力中自恋的部分会被重重地冲击，价值感消失，从而充满攻击性。"躺平"也是一种充满攻击性的表达，就像很多时候沉默不是认同，而是不知道怎么表达或者没有能力表达反对意见时的选择。如果结果是不好的，你会把责任推到别人身上，表面上看你可以不为这个不好的结果负责，实际上别人更是负不了这个责的，即使替你承担了，那也是表面的，因为长此以往的结果就是你不会也不敢面对自己的人生。你终将失去自我，很有可能你会在对外部、对他人的抱怨中度过一生。

所以爱自己首先要从对自己负责开始，不把这份权利和责任假借他人，对自己负责首先要学会敢于面对，然后是勇于承担。只有形成这样的内心机制，你才能成为一个独立的人、一个有魅力的人、一个真正会爱自己的人。

✽ 我爱

我喜欢的人是什么样的？我会爱什么样的人？与其在头脑中胡思乱想，不如用文字把这些想法梳理出来，在梳理的过程中，你的目标会渐渐变得清晰起来。甚至在上班的路上你有什么新的觉察和思考，都可以随时用手机记录下来，再找个清闲的时间把平时的积累做个总结。这样你的目标才会是清晰的，你想要找的人也会越来越具体。

如果想要实现这个目标，或者实现的概率大一些，那么还要根据自己的实际情况去调整目标。什么是自己的实际情况？就是要对自己有一个清晰的真实的了解，这是有一些难度的，因为大多数时候我们不是夸大自己，就是过分谦卑，能够恰当地对自己做出评价是需要下一番功夫的。

就像你要去参加拳击比赛，你首先要知道自己的准确体重才能和同一量级的人比赛。当然，人和人之间的匹配比这个要复杂得多，不仅仅是看外在条件的匹配，还要看彼此心理上的匹配。外在的东西容易看到，心理的东西就不那么容易看明白了。

所以无论做什么行业，也无论恋爱还是结婚，学习一些心理学知识会帮助你更加了解自己和他人，对你的生活和工作都会有或多或少的帮助。学习本身也是一门学问，我的建议是适度地学，选择性地学，带着独立思考的精神去学。此外，作为普通人，有些知识够用就好，不是钻研得越深越好。学习知识的目的是把它转化成能力，最终服务于我们的生活。有些人会深陷某个知识系统无法自拔，学习的目的本来是让自己的生活变得美好，结果越陷越深，之前的问题没有解决，学习本身又成了一个新的问题！

学习心理学相关课程的人群大体可以分为三类：一是工作需要，或是工作中出现了一些问题需要通过学习去解决的人，比如企业负责人、管理层、HR 等；二是生活中遇到问题需要解决的人，比如成长过程中经历过创伤、两性关系出现问题、子女教育出现问题的人等；三是在学习过程中发现心理学可以成为自己谋生的一个职业的人，于是将其定为人生发展的新方向，不断深入学习。

很多人学完后回到生活中会有一种不好的心态：就是觉得自己懂了一些新东西，看明白了一些事情，比以前提升了，进步了，甚至有了高高在上、不可一世的心态。如果是这样，工作中同事可能会远离你，生活中亲友会感觉你不好接近，从而也会远离你。你也会从一开始的优越心态中受到打击，于是带着新的问题回到课堂上寻找答案。因此，独立思考和学以致用在这个时候非常重要。独立思考是要带着选择性去学习，带着自己的问题和主见去学习和思考，不能全盘接受和生搬硬套。学以致用是要从众多知识中把适用于你生活中的部分拿出来实践，如果实践效果不好就要及时刹车和调整，千万不要陷进知识的误区，以为所有知识适合于所有人和所有人的人生，而每个人是不同的。

我想这不是学问的问题，是怎么运用学问的问题，就像钱本身是没有问题的，但是你有了钱之后不会理财，不会处理和金钱的关系，驾驭不了金钱，有钱反而成了坏事情，给你的生活带来烦恼。

学到新知识后可以和家人分享，但是不能因此就有了心理上的优越感，认为别人都不懂你，甚至不如你的境界高，这样做，最后很可能让你感到周围人对你的"众叛亲离"，而事实上是你"离亲叛众"。我之前有个同事学习某个课程三年，单从学习角度来讲，她学习得很深入，但是回到家里后和自己的老公也用学到的那套方式去沟通，不断对老公进行"指导"，如果老公没有达到她预期中的改变效果，就会对其进行贬低和指责。长此以往，原本就紧张的夫妻关系不但没有得到缓和，两人反而走上了离婚的道路。我的这个同事在婚姻破裂后患上了抑郁症，她不明白为什么自己这么努力、这么好学，结果却越来越糟。

现在市面上有些激励人的课程用心理学的一些原理来"控制"学员，制造焦虑，甚至会造成学员对授课现场的严重依赖，仿佛只有到了授课现场，才能让自己充满自信，才能找回自己。一旦回到现实生活中，就觉得自己看透一切，但别人却觉得他格格不入。这样的课程为学员营造了一种情境，而这种情境与现实生活是有冲突的，但是在这种情境中学员又可以获得在现实生活中无法得到的心理给养。就像你在电影院看了一部好电影，观影过程中你全程都很投入，看到伤心处你潸然泪下，看到激动处你心潮澎湃，看到幽默处你开怀大笑，电影结束时你都不想离开电影院。走出电影院，你看着街上的车水马龙、高楼大厦，感觉特别不真实，你需要调整下才能适应真实的生活。这类课程就像是为你播放了一场精心拍摄的电影，让你久久不能忘怀。由于是高于现实生活的艺术创作，所以如果你信以为真，或者陷在其中走不出来，甚至还要按电影中的桥段来处理现实生活中的问题，结果肯定是周围人觉得你不可理喻。可是在电影院里你的感受很好，周围的人也和你一样流泪、大笑。你想不明白也搞不清楚，教你的老师可能还会告诉你：你们是先觉知的少数人。于是你只有不停地走进课堂，甚至成了主办方的一分子，因为只有这样，你才能生活在被"艺术化"了的高于生活的童话世界里。

学习效果不尽如人意的情况，老师和学生应该各打五十大板。人的潜能是巨大的，但不是每个人的潜能都能通过几天的培训就可以激发出来，人的内心活动是非常复杂的，不是在课堂上喊几句口号，做几个游戏，流几滴眼泪就个个蜕变成蝶，甚至一飞冲天。有些培训机构和培训老师会运用夸大和扭曲的方法，传递一些当下让人听了心潮澎湃又觉得有几分道理的言论，但是从长远来看，对学员的人生观、价值观有着错误的引导。传授知识首先要审核和验证知识的正确性和有效性，不能仅仅把教育作为牟利的手段或者把牟利放在第一位。教育不同于其他行业，其影响的是一个人的一生，一定要把责任感和严谨性放在首位。在经济利益的驱使下，很多培训机构的老师会夸大课程的效果或片面放大某个部分。还有些人靠一些听起来出人意料又似是而非的言论来博取大家的眼球，这些行为背后的目的不是传道授业解惑，而是以吸引更多的人、获取更多的经济利益为动机。如果你选择了教育这个行业，一定要慎重，你的一言一行都会影响到别人。带着很重的逐利心从事这个行业的人，其教授的课程很多是为营利而设计的。在这种心态下教授课程就会误人子弟。

在涉及对学员心理疗愈的课程中，我们要对参加课程的学员进行心理评估。这就像是开海鲜饭店，不是来了客人就上海鲜，并且把海鲜的味道竭尽所能地夸大。要知道有些人吃海鲜是会过敏的，就像有些学员的内心相对比较脆弱，甚至有一些隐性的精神疾病，不适合这些强烈的刺激。如果学员的内心受到创伤，培训机构的老师又没有疗愈的能力，只是一味地让他冲冲冲，不断加大和重复刺激，那么学员受到的伤害最后还是要由学员自己来买单。

有些课程的设计者为了吸引更多的人来参加课程，对课程内容秘而不宣，而且不让学过的学员对外透漏一个字，搞得神神秘秘，并且为这种神秘披上一层貌似合理的外衣。人们的好奇心就被这种神秘感调动起来了。此外，还把很多经济行为包装得高大上。例如让学员去招募学员，美其名曰感召。而且这种招募任务隐藏在课程中间，作为学员完成课程目标的能力体现，还化身集体任务进行道德绑架等，这些做法很有精神控制的意味和传销的影子。

从学员的角度讲，确实有些人学习后在现实生活中是有受益的，但是这种受益带来的副作用是慢慢展现出来的。很多人觉得自己在亲密关系中进步了，成长了，便也要求伴侣去成长，去学习，并且在生活中表现出高人一等的优越感，最终却导致婚姻关系破裂。这是因为平等是婚姻的基础，我高你低就破坏了这个基础，自认为高的一方觉得对方跟不上自己的层次而不舒服，被认为低的一方也会因倍感压力、无法沟通而更不舒服。所以在学习的过程中，保持自己的一份判断力、自主力和独立思考的能力非常重要，不能盲目地学，学了更不能胡乱地用。

学习是一个工具和方法，目的是让人的生活变得更好，如果你驾驭不了这个工具，反而为工具所用，工具就会成为你的主人。出现这种结果，你愿意吗？

＊ 喜欢与爱

喜欢一个人和爱一个人是同样的情感，还是不同的情感？如果不同，那么它们的不同点在哪里？怎么才能知道你是喜欢一个人，还是爱一个人？或者知道一个人是喜欢你，还是爱你？

美国社会心理学家鲁宾对喜欢和爱进行了系统地研究，他发现爱不是喜欢的一种特殊形式，喜欢和爱是两种不同的感受。

喜欢和爱的区别主要表现在三个方面：

一、依恋。陷入爱情的双方在感到孤独时，会特地去寻找对方来陪伴和宽慰，而对喜欢的对象则不会有这种需求。

二、利他。真正爱上一个人时，会高度关注对方的情感状态，觉得让对方快乐和幸福是自己义不容辞的责任；在对方有不足时，也会表现出高度的宽容。即使是以自我为中心、自私自利的人，在恋爱中也会表现出某种理解、宽容、关怀和无私。

三、亲密。恋爱中的双方不仅对对方有高度的情感依赖，而且会有身体接触的需求。性是爱情的基础，是爱情的核心成分。

通常情况下，社会化水平比较高的成年人能够区别喜欢和爱，但个别成年人，特别是相当部分的青少年，不能准确区分依赖、尊重、喜欢和爱。

两个人确定在一起，一定是因为有爱而不只是相互喜欢。因为爱情的树上才有可能结出婚姻的果实，喜欢的树上也许也能结出婚姻的果实，但这个果实好不好吃，我想吃过的人最有发言权。

喜欢和爱就像是鉴宝，我们在走进婚姻的大门前要具备鉴别能力。这种能力除了要具备基本的理论知识外，还要有实践经验。当然，既有知识又有经验，也有可能掉进"坑"里，就像即便是专家鉴宝也保不齐有一两次看走眼的时候，更何况我们这些普通人。

＊ 三角·爱

这里的"三角·爱"不是我们平常所理解的三角恋，而是指美国心理学家斯滕伯格提出的爱情三角理论。他认为完美爱情应该由三个因素组成：激情、亲密和承诺。

激情指的是一种"强烈地渴望跟对方结合的状态"。简单地讲，就是遇见对方会有一种怦然心动的感觉，和对方相处时有一种兴奋的体验。性的需求是引起激情的主导形式，其他如自尊、照顾、支配、服从等，也是唤醒激情体验的源泉。

亲密指的是两个人心理上互相喜欢的感觉，包括对爱人的赞赏、照顾爱人的愿望、自我的展露和内心的沟通。亲密包含10个要素：

1. 渴望促进爱人的幸福；

2. 与爱人共享喜悦；

3. 对爱人高度关注；

4. 在需要得到帮助时能指望爱人；

5. 与爱人互相理解；

6. 与爱人分享自我与拥有；

7. 从爱人那里得到情感支持；

8. 为爱人提供情感支持；

9. 与爱人亲密交流；

10. 肯定爱人的价值。

承诺由两方面组成：短期的和长期的。短期方面就是要做出爱或不爱一个人的决定；长期方面则要做出维护这一爱情关系的承诺，包括对爱情的忠诚、责任心等。

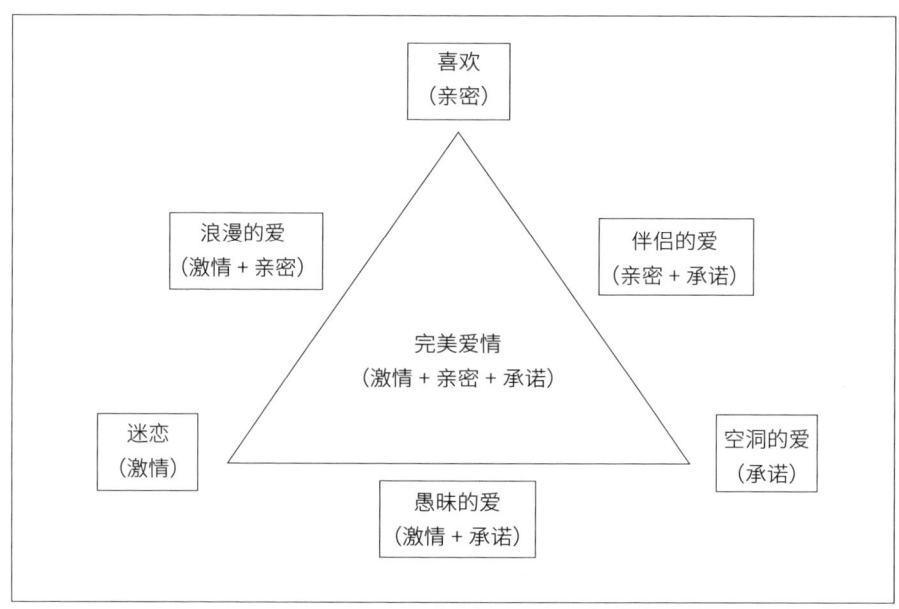

图 1-1 爱情三角理论

这三个因素通过组合可以构成七种不同类型的组合，每一种组合对应着一种类型的爱情。但是我们不能生搬硬套，由于文化背景不同、现实复杂因素等，这些爱情类型实际上是有局限性的组合，现实中没有一种关系完全符合其中的类型。

1 喜欢：指一个人只体验到亲密，而缺乏激情和承诺。

2. 迷恋：指一个人只体验到激情，而缺乏亲密和承诺。

3. 空洞的爱：指一个人爱并且承诺爱别人，却缺乏亲密和激情。

4. 浪漫的爱：指亲密与激情的因素组合，没有承诺的部分。

5. 愚昧的爱：指激情和承诺的组合，但缺乏亲密。

6. 伴侣的爱：指有亲密和承诺，但缺乏激情。

7. 完美爱情：也指完整的爱，是激情、亲密和承诺三个因素的组合。

心理学家对于爱情的研究和总结给了我们普通人很多借鉴和思考，虽然不能完全奉为圭臬，但在生活中却可以起到指导作用。

✽ 说·爱情

从古至今，从中到外，爱情都是一个非常美妙的话题，无数诗人、作家都对爱情或爱情故事有过精彩的描述：

月上柳梢头，人约黄昏后。

曾经沧海难为水，除却巫山不是云。

两情若是久长时，又岂在朝朝暮暮？

身无彩凤双飞翼，心有灵犀一点通。

愿得一人心，白首不相离。

窈窕淑女，君子好逑。

执子之手，与子偕老。

思君如流水，何有穷已时。

天长地久有时尽，此恨绵绵无绝期。

只愿君心似我心，定不负相思意。

结发为夫妻，恩爱两不疑。

相恨不如潮有信，相思始觉海非深。

天涯地角有穷时，只有相思无尽处。

得成比目何辞死，愿作鸳鸯不羡仙。

每当我读到这些诗句，都会一次次陶醉于作者所描写的情感意境之中，爱情让人陶醉、让人神伤、让人欲说还休、让人不断思量……

当然，也有很多人在快节奏的生活中，在高强度的经济压力下，也许还受过一些情感的伤害，他们可能会说现代社会哪里还有什么爱情。我想说的是，爱情就像一块美玉，也许你拥有过又失去了；也许你的美玉尚未出现，正等着你去寻找；也许是在现实环境中被蒙上了一些灰尘。但你无法否认的是，这块美玉是存在的，只是你需要重新拾起勇气，需要继续寻找，需要有拂去灰尘的智慧和能力，需要……

|第二章|

婚 姻

LOVE

＊ 婚姻是需求的基本要素

吃饭、睡觉是人本能的生理需求，沟通交流和恋爱是人本能的情感需求。在人类进化的过程中，婚姻满足了两性个体之间在生理、生存、情感、繁衍等方面的需求。婚姻制度在这个世界上存在了几千年，这种需求早已在人类进化的过程中深深植入了每个人的潜意识当中，所以婚姻是每个人的需求的基本要素。

既然是本能需求，那也就是说我们每个人都需要婚姻，需要在婚姻关系中才能得到的情感连接、生存互助、繁衍后代、相知相伴等方面的满足。也有人在婚姻之外试图得到这些，如婚外生子、婚外找个知己，等等，你会发现时间久了，这个婚外的第三者也会要求和你拥有婚姻。婚姻不仅仅是一个制度、一个合法的规则，更是在心理上给到你安全感的基础条件。婚姻所代表的家以及家的感受是每个人与生俱来的内心需求，在这一点上，不管是哪种文化背景下的人都有一样的需求。如果婚姻外的人能够把婚姻内的需求全部提供给你，那么怎么选择，你内心一定是明明白白的。

也有一些人一辈子没有结婚，没有结婚并不代表内心不渴望、不需要婚姻，只是因为种种原因，这种需求被压抑或被转化了而已。当然，这里不是说人一定要结婚，就像一个美女为了拥有好身材戒掉了甜食，这是她的选择，无可厚非。但是我们要知道的是，她戒掉甜食并不代表内心不渴望、生理不需要，只是这份渴望和需求被压抑了或是被好身材带来的满足感暂时转移了而已。

婚姻中两个人的关系是除血缘关系外较特殊的一种生存关系，我们把这种关系叫作亲密关系。人是群居动物，要生存下去就要处理好和他人的关系，从早期与父母的关系，到与其他家庭成员的关系，再到进入学校、社会，最后走进婚姻建立亲密关系。亲密关系中既有和早期养育者互动模式的影子，又有在社会实践中不断学习成长的心得。想要处理好亲密关系不是一件容易的事，但我相信只要不断学习和提升，我们都可以获得自己想要的幸福生活。

✽ 婚姻的基础

婚姻是一栋大厦，要想建好这栋大厦，拥有稳固的地基是最基本也是最重要的条件。婚姻的地基是彼此相爱。

面对家人催婚的压力，面对年龄越来越大的内心焦虑，以及对周围人出双入对的艳羡，心里总会涌现"找个差不多的人结了吧"这样的想法。这个"差不多"其实是差了很多，彼此相爱的人都未必能过得幸福，没有基础的那就更不用说了。我把这种婚姻叫作"带病结婚"。很多问题不是结婚后才出现的，而是婚前就已经存在。婚姻可以成为你的"天堂"，亦可以成为你的"地狱"。所以婚姻大事真的是人生的大事，不好的婚姻有可能会影响你的一生甚至几代人，好的婚姻也会让你的一生受益甚至是几代人受益。

你爱一个人就意味着你要尊重对方、理解对方、包容对方，所以爱不仅仅要通过语言文字表达出来，更多的时候还要通过彼此的行为来表达，语言文字也许会造假，但一个人的行为表现会更加真实。

就像你的小孩很调皮，还经常生病、犯错，你是会嘲笑他、打击他，还是会耐心教导他、用心陪伴他？我想大多数人会选择后者。为什么会选择后者？因为你爱他，你想让他更好，你也知道你怎样做才是真的爱他。对于我们的伴侣也是同样的道理。

爱既是人的天性，也是我们的内在需求，里面蕴含着巨大的能量，是解决很多问题和疗愈心灵的良药。

什么是尊重、理解和包容？简单讲就是允许另一个和你不同的人的存在。你爱一个人必然是爱对方你所欣赏的部分，但是人无完人，当对方那些你所不能欣赏甚至不能忍受的部分出现时，你能够允许它们的存在。如果你不能，那你就会嫌弃甚至指责抱怨，有些人还会抱着能够"改造"对方的幻想，结果只会让自己更失望，让对方更痛苦。

那怎么才能够做到允许它们的存在呢？在遇到你不能允许的事情时，在心中默念"我允许"这三个字。比如你是个爱干净的人，但你每每看到爱人扔在沙发上的脏袜子时，心中都会生出一股愤怒，哪怕你已经说了很多次对方还是不改，既然这个方法无效，那就试着换个方法，在心里对自己说：我允许，我允许沙发上有一双脏袜子，我允许沙发上有一双爱人的脏袜子。当然，理性地分析下，你的愤怒可能是除了对方屡教不改外，你还要一次次为对方的行为"买单"，因为你要拿走这双袜子，甚至还要及时洗掉它。为什么？因为你不允许它的存在，其实你不是在为你爱人乱扔袜子这个行为"买单"，而是在为自己爱干净这个习惯"买单"。既然是为自己的习惯"买单"，何来的愤怒和抱怨？反过来想，你爱人认为袜子随意放，带来的是另一种对家的定义，可能是自由、放松，也可能是其他什么。其实对方也在适应你随时收拾、爱干净的习惯，甚至还要忍受你的抱怨。如果你能觉察到你可以为自己的习惯"买单"时，你的行为就不会带有抱怨。你按照自己的习惯把家里收拾得干干净净，长此以往，爱人是可以看到你的付出的。反过来，如果你既付出了也抱怨了，而且对方也改不了，估计你要和这种抱怨相伴终生。究竟哪种人生更好是显而易见的。最后你如果想通过自己的努力改变对方的习惯，比如要求他把袜子及时洗掉，甚至和你一样打扫卫生，还要达到你的标准，那么我想说的是，你应该不仅不想为自己的习惯"买单"，还要控制对方的行为，甚至想要对方为你的习惯"买单"。即使出现奇迹对方做到了，你除了"改造"成功的喜悦外，也会有无事可做的落寞，因为你的活别人做了，你等于是某种程度上的"失业"。所以没有完美，要允许生活不完美，允许爱人不完美，允许自己不完美，这样我们的情绪才会有更多的平静。平静的内心就像一面不会变形的镜子，你才会看到很多之前看不到、看不懂的世界，因为之前在情绪中看事情看人就像是从哈哈镜中看到的世界是变形的，只能让人"哈哈"。

"社会交换论者视求爱者为理性主义者，人们总是选择能给自己带来更多的利益和幸福的对象做伴侣，而所有导致爱情的因素均可归结为利益和价值。利益和价值既包括物质的、经济的因素，也包括社会的、心理的因素。"如果爱情是理性的，那就不会是爱情，因为爱情从来就是感性的，是不可捉摸的，是神秘的、激烈的、让人忘乎所以的。如果你非常理性地爱上了一个人，那不是爱，那是计算得失后最符合你利益和价值的匹配，所以顶多是找到了一个合适的人，而不是找到了一个爱人。

现在有很多帮人做情感问题分析的人士一开口就是利益和价值：你是否一直在做符合伴侣利益的事？你给伴侣提供了什么价值？在婚恋中你得到了什么？你会发现在这些个案分析中全程不提情感，不问两个人之间是否相爱，甚至被分析者说出自己还爱伴侣时，做情感分析的人士对于这些情感信息也是视而不见，更不用说将其作为分析评估的重要内容。

对于婚恋问题的分析，有两个层面是要作为重点关注的：一个是情感的复杂性，另一个是问题的全面性。人和其他生物的区别之一就是有着丰富的复杂的情感。婚恋中的相生相恋、爱恨交加、生死离别，都是我们在人生中所能体验到的宝贵的情感财富，如果避开这个不谈，而是把婚恋中的问题单一归结为利益和价值，这是刻意避开了情感的复杂性，而选择了利益和价值的相对简单性和功利性。但是为什么被分析者和观众还听得津津有味，甚至表示赞同？那是因为和当下的社会现实是分不开的。我们分析任何一个问题都不能将其作为单一的存在，不能脱离其所处的背景独立分析。比如对于当下六七十岁的老人的再婚问题进行分析，首先就要考虑其所处的社会背景，其次是当事人的家庭背景、生活背景，最后才是当下问题的来龙去脉。如果只是从利益和价值的层面去分析婚恋中的问题而忽视了情感这个重要的基础，那么基本信息是片面的、单一的，是迎合了当下以经济发展为中心的背景下人们把大部分焦点放在利益和价值上面的心理，因而投其所好，很容易让你产生共鸣。此外，当情感分析师对你的利益是否受损进行评判时，你会认为这是在为你争取，为你好，所以会想当然地认为是对的。

在婚恋中强调利益和价值有没有问题，当然没有问题，但如果只分析利益和价值，把利益和价值放大而忽略了情感的基础和重要性，那么这个分析就是片面的、扭曲的。

一个人情感模式的形成有着复杂的家庭和外界因素，还有着其独特的个性化因素，所以做情感分析是比较复杂的，不太可能快速得出结论。分析利益和价值却可以相对快速地得出结论，这也符合人们及时满足的心理需求。但是缺少情感部分的婚恋分析至少是片面的、避重就轻的。

在婚恋中，除了情感，利益和价值重不重要？当然重要，就像精神文明和物质文明一样，基本观点是两手都要抓，两手都要硬。相信我们现在的大多数人在物质上已经取得了基本的满足，甚至日子过得相当可以，这时在婚恋中还一味强调利益和价值就是对精神的忽略、对情感的物化。你不爱我我就不爱你，你爱我5分，我也爱你5分。然而，情感不是交换，是人类自然而然从内心生发出来的自我需求，尤其是爱人的这种自我需求以利他为主要表现形式，而不是当作商品讨价还价，如果可以交换那就不是爱情，只能是生意。那样我们就会离家的定义越来越远，你也就从一个拥有情感的文明人越来越靠向"贩卖"情感的工具人。这样的你在婚恋中也许永远都不会成为"吃亏"的一方，但是你也很难体会到什么是真正的幸福。

＊ 婚姻的保障

我们每个人都生活在现实世界，不管爱情有多美好，还是婚姻有多幸福，都离不开物质需求，所以要想婚姻生活幸福，必要的物质保障是必不可少的。

物质需求可以分为三个层面：第一个是生存层面，即吃得饱、穿得暖、有房住，当然，大家早就超越这个层面了；第二个是生活层面，即在生存之上追求更多的物质享受，大部分人尚处在这个层面，人们在这个层面出现的问题也最多；第三个层面就是实现财务自由。

拥有爱情的婚姻，一旦当生存成为问题时，可能也会分道扬镳，这是可以理解的，毕竟生存是每个人的基本权利。当然，也有很多夫妻在艰难困苦中不离不弃，他们也被视为美好婚姻的典范。

在生活层面所遇到的问题，有一部分在婚前是可以预防和解决的，基本原则就是对彼此在物质方面的能力和需求充分深入且坦诚地了解和沟通。比如就价值观、生存能力、创造财富的能力、对婚姻的期待、对物质的要求、对未来的规划，还有对战胜困难和挫败的能力等方面进行了解、讨论，使双方达成共识。在恋爱阶段，大家的消费观、对待金钱的态度、理财能力等在生活互动中都是可以真实表现出来的。当在物质、金钱方面发生分歧，甚至是冲突的时候，需要重视和及时解决这些问题。这些问题是可以解决和接纳的，还是不可接受、不可调和的，这时你再做要不要进入婚姻的决定，一切都是来得及的。不要在婚后才说"你竟然是这样的一个人"这样的傻话，这句话的背后其实是在说自己傻，因为你没有在需要看清的时候看清，没有在能够弄明白的时候弄明白，后悔已是枉然！

财富自由在不同的生存背景和生活理念中有很大的差别，比如：生活在一个小县城，1000万就可以实现财务自由，然而在一线城市，1000万可能也就是一套住房的价格，能换来的仅仅是个栖身之所。这些背后当然还有每个人或每个家庭的规划和想法的区别。所以财富自由是个相对的概念，不是绝对的，而且在不同的地区、不同的家庭及不同的消费观念下会有很大的差别。

总之，不管你处在哪个层面，身处哪个地方，拥有何种观念，婚姻中的事都是两个人的事，要两个人共同商议、决定和完成。

＊ 婚姻的能力

一、认识彼此

我们在和伴侣相处的过程中，内心会有很多的"性别角色定义"，比如：男主外，女主内；男人刚强，女人温柔；男人是顶梁柱，女人要照顾家庭等。这些分工定义是人类在进化的过程中慢慢形成的。然而，我们现今的时代对男女的家庭角色分工越来越模糊或者说是平等化，定义也越来越多元化。也可以是女主外，男主内；女人刚强，男人温柔；女人是顶梁柱，男人照顾家庭等。所以，当你心中对另一半还是过去的刻板印象和要求时，选择伴侣的空间就会变小，婚后的生活也会因为这些刻板观念遇到很多矛盾和冲突。因为当今社会的变化是很快的，这需要身处其中的每个人都要迅速、灵活地转换自己的状态，比如：婚后夫妻中的一方在事业上有一个很好的上升机会，需要另一方为家庭多付出一些，但是这和婚前的规划是不一致的，这时是坚持之前家庭分工的约定，还是对遇到的新状况进行调整就是在考验夫妻双方的协调能力和身份角色调整转化能力。如果一味地坚持过去的家庭分工约定，另一方就会失去机会；相反地，做出让步的一方又并非心甘情愿，这似乎是一个怎么选都不会令双方都满意的事情。这时我想告诉各位的是，婚姻中是需要双方都具备"牺牲"能力的，就是要为对方、为你们共同的未来放弃个人的一些利益也好，需求也罢，总之这是以真心相爱为基础的婚姻才能够做到的，因为真爱就是要为对方做一些对方想要做的事。

另外一个层面，在我们定义男人、女人的角色时，我们首先应该明白对方是一个人，人都是有共性的：积极、消极、坚强、懦弱、开心、害怕、恐惧、纠结、彷徨、迷茫，等等。不管是丈夫还是妻子，都会有这些丰富的情感和内心感受。所以在看到丈夫流泪时，妻子首先要知道他是个人，他有流泪的需求，而不是用"男人流血流汗不流泪"这样的刻板印象去看待对方，甚至给他贴上"不争气、懦弱"的标签。这样只能是让你的丈夫对你产生反感，从此再也不会对你表达他真实的情感，而是封闭起他的内心，甚至变得冷漠，更有甚者会找另一个可以接受他情感的人去表达。妻子也是一样，如今大部分的女性拥有自己的工作，甚至在很多家庭中，女性的收入已经超过男性。所以当女性承受了和男性一样的工作压力，甚至还要超过男性时，回到家再被要求洗衣做饭带孩子，估计从心理上和精力上都是不太能够承受的。如果这时丈夫不是首先站在对方是和自己一样是个人的层面来看，而是从对女性的刻板印象去定义对方，不但不理解支持，还要用"女人就是要做这些"的观念去要求妻子，那么妻子不但心里委屈，身体劳累，长此以往，还会心理压抑，夫妻间情感产生裂痕也将是必然结果。男性不但要理解支持女性，还要一起甚至承担更多的家务，这才是幸福和谐的婚姻之道。

其次，我们才是从对方的性别角色去看待、了解、理解对方，我想大部分的人是不太了解异性的，因为我们都没有专门学习过这方面的知识。这是一门可深可浅的学问，而且要理论联系实际，实践高于理论，要不断总结、提升、修炼自己这方面的学问，这应是人生的必修课。所以你不了解伴侣是正常的，你要了解伴侣是必须的，因为你想要拥有幸福的婚姻生活，就要付出时间和耐心，就要学习和成长。

静下心来，重新开始，审视对方，调整自己。我们的内心可能认为走进婚姻就万事大吉了，其实对于伴侣来说，这只是双方相互全面了解的真正开始。

丈夫和妻子是我们进入婚姻后新的身份和角色，当我们在家庭中发生一些争执和矛盾时，我们可以运用这个角色来化解，比如这个角色带给你的责任、义务和权利。当你想到这些的时候，很多鸡毛蒜皮的小事就会化解。很多担当是你应该有的，很多事情是需要你去面对和付出的，那么坦然面对就可以了，不管结果怎样，只要在你的能力范围内去承担这个角色需要做的事就可以了，因为这是真实的你自己，而且你也只能做真实的自己。

走出家门，我们每个人都有自己的社会角色，我们很容易把自己在社会上的角色特征带回到家里。比如做管理层或做领导的回家后对待家人还是会带着对待公司下属的言行方式，那显然是行不通的，而且后果会很严重，会让你自己很受挫，也会让对方很压抑。我们常听到有人说："我在外面管理很多人甚至是千军万马，怎么回到家里要搞定这么几个人却这么难？"原因就在于你没有及时转换身份角色。因此在家里家外灵活转换身份角色是我们每个人必要的自我修炼。

在婚姻中，发展良好的两个个体会不断把"我们"这个共同体增大，个体的部分会越来越小，所以时间长了两个人不但语言、行为方式相似，甚至还会有夫妻相。这就意味着你放弃或者改变了一些自我的东西，自我减少一些，"我们"的部分就会增加一些，最后可能就会达到"你中有我，我中有你"的融合状态。在婚姻生活中，做决策时首先是从"我们"这个角度去思考，而不仅仅是从"我"这个角度思考时，那么即使事情的结果没有达到预期，你的出发点和思维方式是没有问题的，也会得到爱人的理解、支持和包容。如果仅仅是从自己的角度出发，忽略了"我们"这个整体时，那结果可能就适得其反了。

比如，你想换一份工作，但是害怕爱人反对，便偷偷做了决定，当生米煮成熟饭时才和对方商量。第一，事情结束才去商量那是通知，不是商量。第二，即使怕对方反对也要提前告知对方，只是要注意沟通的方式方法，首先要坦诚表达自己的决定是充分考虑了整个家庭因素在内的，其次自己已经有了打算，来征求爱人的意见，最后再综合两个人的分析认真做出决策。如果对方还是反对，但你还是想坚持自己的决定时，可以坦诚地表达出来，感谢爱人的分析和建议，你还是想坚持自己的想法，希望爱人理解和支持，最后即使爱人还是反对，我想你也做了你应该做的，也就问心无愧、无怨无悔了。

事物的发展总是遵循动态平衡这个原则，亲密关系也是如此。很多人学了一些分类法就给自己或者他人贴上某个固化的标签，这种固化标签在婚姻中很容易形成偏见，对亲密关系是不利的。

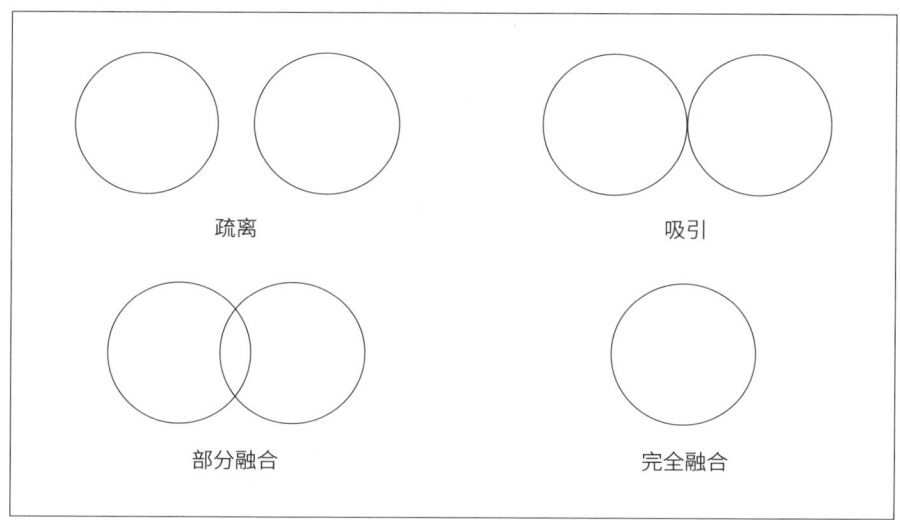

图 2-1 亲密关系模式图

上面的四种亲密关系模式：疏离、吸引、部分融合、完全融合，在婚恋过程中也是动态变化的，我们在变化中寻求一种平衡。疏离会让两个人的关系变淡，完全融合会让两个人彼此过度依恋。所以既有融合又适当保持自我是我们追求的最佳状态，但是这种状态不是时时、事事都能做到的，所以我们要在疏离时适度拉近，过度依恋时适度拉开。我们试图在动态中寻求平衡，平衡也总是会被不平衡打破。

（一）婚恋中男人的三大核心需求

1.被崇拜：对于被崇拜，我的理解是要在爱人眼里有价值。有的妻子会说："对方没有什么是值得我崇拜的。"我想说的是：第一，妻子应该是在情绪中才有这样的表达，如果丈夫在妻子的心里是无价值的，那妻子也不会嫁给他。第二，"崇拜"这个词太高大上了，和人的内心有距离，我觉得"价值"这个词更贴切。能体现一个人价值的地方真是太多了，比如丈夫这个角色的存在本身就是一种价值，男性和女性在生理、心理上的差异也是一种价值，作为一个充满智慧的妻子还可以创造出很多价值来给到自己的丈夫。

一桶水和一瓶水。我有个邻居，丈夫身材比较瘦小，妻子身材比较高大。丈夫平时做点小生意，有段时间生意不好做，就比较闲散，有些无所事事。有一次，我正和男方在路边闲谈，妻子过来用撒娇的语气对丈夫说："老公，你帮我把家里那桶水倒掉呗。"丈夫不耐烦地说："你自己不会倒啊。"妻子继续撒娇地说："我拎不动呀！"男人无奈地起身从屋内把那桶水拎出来倒在了路边的下水道里。妻子全程站在一边用崇拜的眼神看着丈夫，嘴角带着微笑，仿佛在说："老公，你真棒。"男人注意到妻子的眼神和表情时，感觉瞬间也精神了好多，挺直腰杆拎着空桶回屋去了。

事后我问这位妻子，平时她丈夫不在家时，我看到她都是一个人倒水，感觉比她丈夫还有力气，我很好奇那天她怎么会那么做。她回答说："我老公这段时间没有事做，人也有些消极，我想通过让他做些力所能及的事，让他感觉到至少在这个家里他是有价值的。"听完这位妻子的话，我内心不由得暗暗佩服，她真是一个有智慧的妻子。

一般的女孩子都可以拧开矿泉水瓶的盖子，但有些女孩子是自己拧，有些却是让身边的男生帮忙。在两性关系中，后者是很聪明的做法，既省了力气，又让男人觉得自己是有价值的，而且在这个过程中，你所显示出的女性特质还会让男人对你产生天然的好感。

所以在婚恋中，男人的第一个核心需求就是：我是有价值的。

2. 另一半的温柔：也许有些妻子会说自己不够温柔，不会撒娇。那我的回答是：不会就去和会的人学习，没有什么是学不会的。温柔是女人天性中的一部分，你的不够温柔就像是喷泉的泉眼被暂时堵住了，需要去疏通。

从另一个层面讲，当下的很多女性把自己包装成或者被包装成女汉子、女强人，更有一些舆论宣扬"女性有工作、有钱、有房，自己能照顾自己，还要男人干什么"。这样的话乍一听有几分道理，还有几分霸气和潇洒。可是你仔细分析，这句话不但逻辑有问题，而且有很强的误导性（我优秀，我不需要男人，甚至不需要婚姻）。第一，这句话反过来说就是："男人就是为我工作，为我赚钱，为我买房，照顾我的。"这是把男人片面化、物质化，也是把女人片面化、物质化。第二，男女平等不但体现在工作和生活中，还体现在心理层面上，不是说一个人优秀了就可以高高在上。过度依赖异性和过度贬低异性都是在走极端。第三，前面讲过婚姻是人的本能需求，千万不要落入一些极端言论的陷阱，婚姻不仅是两个人一起创造更好的物质生活，而且是彼此生理和心理上互相满足、慰藉的港湾，也是目前保障人类社会传承繁衍下去的最优途径，在这个过程中新生命的诞生带给你的喜怒哀乐更是人生重要的体验。第四，谈婚姻的重要性并不是说你不可以单身，单身没有问题，这是你的个人选择，但是不能用很多极端的言论去美化自己的选择，让自己觉得合理的同时，还要去误导别人。

温柔是女人的天性，也恰恰是这种天性在吸引着男性。因此，当妻子回归自己的天性，多多表现和发挥这种天性时，丈夫会更加爱你。如果做妻子的违背天性，该温柔时偏偏强硬，夫妻俩强硬对强硬，结果只能是两败俱伤。

一杯水。有一次，我的爱人不舒服在床上躺着休息，这时我对刚上小学的女儿说："孩子，你知道怎么样才是爱一个人吗？"女儿不知道怎么回答，只是看着我。我接着对她说："你平时经常说，你爱爸爸、你爱妈妈，这非常好，爸爸妈妈也知道你是爱我们的，我们也同样爱你。但是你要知道，爱一个人不只是嘴巴上说说，更重要的是要用行为去表达，比如现在你妈妈不舒服，我们爱妈妈是不是要为妈妈做些什么，比如倒杯热水。"女儿听完，心领神会，立刻去厨房倒了一杯热水端到妈妈的床前。我的爱人很感动，眼泪都要掉下来了，孩子也很开心，觉得自己为妈妈做了力所能及的事。在现代社会，人们的物质生活水平都不错，我们总是想尽自己所能给到孩子更多，与此同时，我们也应该教会孩子怎样去爱父母，爱他人。爱不仅是语言，更是行为。

3.被支持、被认同、被理解：我想在婚姻中，男女双方都是需要被支持、被认同和被理解的，只是由于传统的社会分工、性别特征和心理因素等决定了男性在这些方面的需求可能比女性更迫切、更多一些。

好的婚姻关系是两个人互赋能量、互相滋养，支持、认同、理解都会给到对方能量。你为什么要支持、认同、理解对方，因为他（她）是你的爱人，因为你爱他（她），就该如此。

（二）婚恋中女人的三大核心需求

1.安全感：安全感是人内心的第一需求，只有有了安全感，你才能心无旁骛地做事，才能创造更多的人生价值；如果安全感不足，你的能量就会被各种担忧、疑虑、害怕等情绪分散，你的能力也会大打折扣。

安全感很容易理解，但是它包含的内容却很复杂，有个人的社会背景因素，也有家庭环境因素，还有个人的生活经历等。我想，有困惑的大多数人是缺乏安全感的，因为这个世界不确定的因素太多了，比如财富，我想没有多少人是实现了财务自由的，大多数人还是觉得自身的经济实力不够。尤其作为女性，再加上受生理特征、传统观念等因素的影响，比男性更需要安全感。因此在和女性交往时，首先要注意的就是对方的安全感需求，如果你的言行举止让女性感到是不安全的，她就会离你而去。

作为丈夫，在社会上做好自己的本职工作，在婚姻中扮演好丈夫这个角色，尽心、尽责、尽力，我想这就是给到妻子最好的安全感。

2. 浪漫：浪漫就是用心去满足爱人的需求。所谓用心，就是花了心思，而不是敷衍。所谓满足爱人的需求，比如妻子过生日时，她想要一个巧克力蛋糕，而你觉得抹茶味的蛋糕更好吃，如果最后你买了抹茶味的蛋糕，那就不是满足爱人的需求，而是满足了自己的需求，尽管买了蛋糕，也给对方过了生日，但是满足的却是你的需求，不是对方的。所以说爱心不是以你想要的方式送出，更不是以你认为对的方式送出，而是以对方想要的方式送出。如果你亲手为妻子制作了一个巧克力蛋糕，即使没有外面买的好吃，你的妻子也一定会感到浪漫，因为你用心了。

3. 被宠与被哄：每个人内心深处都有一个还未长大的小孩，时不时就会跳出来，尤其在和爱的人在一起时。这个时候你不能认为对方幼稚，因为那是只有在爱的人面前、在特定的环境下，对方才会表现出来的一种状态。你不但不能认为对方幼稚，还要去呵护和体谅这种幼稚，这就要你修炼宠和哄这两门功课了，而且这是必修课。

二、沟通能力

人和人的交往离不开沟通。如果把沟通换成表达，我想会更好理解。表就是输出你的信息，达就是对方收到你的信息，不管是语言文字，还是肢体动作，都是表达的媒介，沟通从来就不是一个人的事。一个人的沟通能力强不仅是指他多么会说，还指他能够让对方很好地接收到这些信息，并使双方达成共识。

沟通的第一要素，也是沟通的基础，就是真诚。如果没有这个基础，那么房子盖得越高，可能存在的风险就越大，稍微风吹草动就可能墙倒屋塌。为什么很多时候伴侣之间不能真诚沟通，其中很重要的一个原因就是担心，担心对方怎么看、怎么想。这种担心表面上看是当下的行为，其实是受到过去的影响和对未来的担忧，你过去可能有过不好的经历，担心自己会重复这种痛苦。你还担心沟通之后可能达不到你想要的结果。所以如果你的心态不在当下，就很难做到真诚，沟通也会出现问题。什么是在当下？就是你此刻的起心动念，你内心怎么想的就如实表达，包括你的担心。要放下过去的影响和对未来的担忧，内心怎么想的就怎么说，放下对错和评判，真诚是最有力量的。

表达的背后往往是未被满足的需求，即使在你看来表达的内容是毫无意义的，它也是一种倾诉，这种倾诉的需求就需要用倾听来满足。

男人和女人的表达是有区别的：女人天生比男人的表达欲要强，所以普遍来说，女人每天说的话要比男人多。很多时候，女人说完了就是说完了，她只是需要倾诉，而男人更倾向于怎么解决问题，这是需要男女双方在婚姻生活中去觉察的。至于沟通的技巧，则需要在生活中不断练习和修正，要灵活运用，而不是生搬硬套，没有哪种方法和技巧是适用于所有人的，也没有哪个人是适用所有方法和技巧的。

三、尊重、理解和包容

婚姻中两个人的相处一定是以尊重为基础的，这份尊重始终要放在我们的头脑中，要摆在心里最重要的位置。如果离开了尊重，那么就会产生不平等，人和人一旦不平等，就会产生嫌隙，久而久之，双方看待彼此的心态都会变得不正常，严重的话后果不堪设想。

每个人的言行举止背后都有一个合理的需求和理由，只是表现方式出现了问题，就有了对错之分。因此从最初的起心动念来说，我们要给对方以理解，之后才是评判对错，而不是先讲对错。因为评判对错就会把两个人放在对立面，就会产生距离，两个人越来越远，直至同床异梦。举个例子：丈夫藏了私房钱被你发现，不能先判断这个行为的对错，而是首先给对方一份理解，了解对方为什么要藏私房钱。即使他想用这个钱来喝酒唱歌，本身这个需求也是没有问题的。如果有问题那应该是你的标准出了问题，在你的标准里，喝酒唱歌是不好的，甚至是浪费钱，而且你想让对方遵守和执行你的标准。这就像男人认为化妆品里的化学成分对身体不好，进而不让妻子化妆是一样的道理，对于丈夫的建议你会认同并执行吗？恐怕也要藏私房钱来偷偷买化妆品。我们还是首先从人的角度去看对方，去思考对方的行为，对方的需求大多是合理的，只是满足这些需求的做法略有不妥，但是这种不妥的做法也有可能是被逼出来的。生活不能落入"只允许我、不允许你"的状态，这样哪里还有尊重，哪里还有平等？在了解了对方的需求没有被满足时，给到对方理解后怎么办，那就是要商量解决的办法，两个人都能接受的结果才是好的结果。

在这个世界上，我们极力追求完美，追求本身没有问题，完美也没有问题，但是我们要清醒地知道完美只是一个目标，目标是为人服务的。如果追求完美让你变得不开心了，那么你就要改变追求完美这个目标，甚至要放弃，因为你是目标的主人，你说了算，而不是目标操控你。有人是完美的吗？看看自己，再看看周遭的人，你就有答案了。我们为什么会一直要求伴侣是完美的呢？你也许会说："没有啊，我没有要求爱人完美啊，我只是在这件事上让他（她）这样做而已。"那么你想想，在另外一件事上你是不是也有自己的要求和期待，如果再想想，你会发现更多。我们每个人的内心都有一个理想的世界，理想的自己、爱人、孩子，等等，但请记住：那只是理想。现实中我们都是不完美的，世界也是不完美的，你能接纳那个不完美的自己吗？你能接纳并包容那个不完美的伴侣吗？你能接纳并包容这个不完美的世界吗？

＊ 离婚的秘密

当今社会离婚率越来越高，尤其是在经济相对发达的城市。其实这未必是一件坏事，就像你要为之奋斗终生的事业走到穷途末路时，选择苦苦坚守不如换个赛道。没有规定要求人一生只能选择一个行业，也没有人愿意经常换行业，但是迫不得已时放弃也许就是另一个开始。当然，婚姻的选择比事业的改变更为复杂，也更为艰难，这里面有复杂的，甚至是彻骨的情感纠葛，有人也许还会因此留下创伤和悔恨，有些还会涉及物质财富的分割甚至是争夺。昔日同床共枕的伴侣转眼间变成仇人在法庭上互不相让；昔日甜言蜜语的爱人突然就变成恶魔一般对你拳打脚踢；昔日相敬如宾的夫妻现在却绞尽脑汁为了争夺孩子的抚养权大打出手……这一切的一切在人的内心情感和认知世界里是多么不可思议和富有"戏剧性"，但这就是真实的生活，这就是我们要面对的内心煎熬……

虽然大家都是抱着白头到老的心走进婚姻的，但是谁也不敢保证自己的选择就是正确的、过程是顺利的、结局是圆满的。虽然没有人愿意走上离婚这条路，但彼此无法再同行时，选择离婚恰恰是人类文明进步的标志，也是社会对于自我选择日渐宽容的表现。但离婚毕竟不是一件令人开心快乐的事，我们做些什么才能尽可能预防和避免或是减少这方面的痛苦呢？

我们分三个层面来分析我们每个人都要注意的事项和需要做的事情：第一个层面是时间层面，包括结婚前、婚姻中、离婚后；第二个层面是人的层面，包括自我、他人、我们；第三个层面是不可调和的层面，包括恶习、情感、三观。

一、在时间层面，结婚前我们要做到以下三点：

（一）了解和学习两性知识，了解自我，了解异性。

（二）多谈几次恋爱，从实践中不断总结经验。在实践中调整自己的心智模式，从单纯、幼稚走向成熟、现实。

（三）建议婚前和结婚对象同居一段时间再步入婚姻，同居时女士要保持清醒，男士也要负起责任，在没有要孩子的计划时避免怀孕，这是对双方的保护。同居一年左右就可以步入婚姻，不要把各种外在条件的不成熟作为拖延进入婚姻的理由，青春和时间比其他的东西都宝贵，也更有价值。

婚姻中我们要做到以下三点：

（一）转变身份角色，适应并扮演好新的身份角色，以丈夫、妻子、父亲、母亲这些新的角色所要承担的责任来要求彼此。

（二）任何时候都应以夫妻关系为家庭关系的核心，要学习和提升沟通的能力。

（三）努力创造物质财富的同时，一定要关注彼此的情感和心理需求，孩子是两个人的，夫妻双方都要在孩子的成长过程中付出陪伴的时间。

离婚后我们要做到以下三点：

（一）处理好和前任的关系，不要因为过去的关系影响和新伴侣的关系。

（二）对上一段婚姻中遇到的问题和心理伤害做总结，提升需要提升的方面，疗愈好自己的创伤后再开始新的恋情，不要急于用新感情来疗愈旧创伤，给自己一些康复时间，也给自己的总结和成长一些时间，否则就是在重复旧模式。

（三）处理好和孩子的关系，包括和前任的孩子、现任的孩子、现任的前任的孩子。听起来比较复杂，只要你真心做到一视同仁、视如己出就会简单很多。人之所以会心累，很多时候是因为有分别心，当你无分别心时，自然就会轻松。

二、在人的层面，我们要做到以下三点：

（一）对自我的了解和不断地总结、调整，提升自己的觉察力和自我反省的能力，要不断地学习和实践，在学习和实践中成长，重点要学点心理学。

（二）加深对他人的思考、对世界的思考，总结、提升自己看世界的能力和洞察力，开阔视野，打破思维的局限，看到人的复杂性和丰富性。

（三）婚姻中有尊重、理解、包容、冲突、妥协、隐忍，更有甜蜜和幸福快乐。增加两个人的部分，减少个人的部分，一切以"我们"为中心，以"我们"为第一优先思考项。如果婚后还是过度强调自己，没有两个人的概念，没有家的概念，那么两个人就很难成为一个整体。

三、在不可调和的层面，我们要做到以下三点：

（一）对有酗酒、赌博、家暴等恶习，且不做改变的伴侣不要心软，坚决分手，划清关系。

（二）伴侣之间如果没有感情了，就不要再死缠烂打，放手是最好的选择，感情勉强不来。允许爱，也要允许不爱。

（三）在人生观、世界观、价值观方面有严重分歧又无法调和的，比如生活方式、思维模式、宗教信仰等，要及早做出理智的选择。

以上这些情况绝不是导致分手或离婚的全部原因，仅仅是一小部分原因，但是对我们能否拥有幸福的生活一定是有用的。就像是在茫茫大海中航行，如果提前知道哪些地方有激流，哪些地方有暗礁，我们就能主动去避开这些危险，那么航行一定会安全很多。

✻ 再婚的选择

当下的生活节奏越来越快,时间成本越来越高。现实生活中,人们的交友圈子又有一定的局限性(大多局限于同学、同事、朋友等)。网络已经成为认识异性或寻找伴侣的重要渠道,但是,基于网络的虚拟化,给很多人使用这一渠道带来了麻烦,甚至有人上当受骗,不再相信通过网络能够找到真爱,有人甚至形成了网络不靠谱的观念。

首先,网络是个工具,工具是个客观存在,没有对错,只是我们要学习并懂得怎样运用工具。接下来我就以某征婚网站为背景(其他交友平台同样适用),把自己总结的网络交友六部曲分享给大家。

第一步:筛选。

首先,我们假设这个相亲平台上的同城异性注册数量为10万人,经过精准的筛选(如年龄、长相、身高、体重、职业、收入、学历等),假设有百分之一的人符合你的条件,也就是1000个人,我们要给这1000个符合条件的人发送交友信息。因为对方也有自己的筛选条件,假设你的条件也符合对方的要求,并且对方会给你回信息的概率是十分之一,那就是100个人。接下来,我们要重点交流的对象就是这100个人。

第二步:微信交流。

在相亲平台经过一段时间的线上聊天，你可能会发现对方登记的资料和你了解到的有出入甚至有虚假的成分，也可能筛选条件彼此合适，但经文字交流发现不是没感觉就是不在同一个频道上。基于上述情况，我们再减去一半不合适的人选，剩下的 50 个人就可以加微信进一步了解了。

从微信头像到微信名，最重要的是通过微信朋友圈，你可以看到对方很多相对真实的信息和心理特质。如积极、消极、炫耀、低调、信仰、鸡汤、旅行、工作、生活，甚至还有一整年都没有发朋友圈的（大部分可能是删掉或者屏蔽掉了），等等，有太多的信息可以参考，这里就不做详细分析了。

经过微信聊天一段时间后，我们再经过一轮筛选，剩下一半，即 25 个人。

第三步：通电话。

在彼此感觉不错，交流也很顺畅、条件基本符合、大致了解对方情况的前提下，就可以通过打电话（或微信语音通话）的方式进一步了解。

在微信里，通过文字和语音的沟通已经很了解对方了，为什么还要打电话这个程序呢？大家要知道文字可以编辑甚至可以抄袭，语音可以经过思考甚至半个小时后再回复，而电话里的沟通在某种程度上是即时的，容不得对方有太多时间的思考，同时也是现实中检验一个人沟通能力强弱的好方法，更重要的是可以对照你之前收集到的信息验证其真实性。

和一个人通过微信文字或语音的沟通和电话沟通的感觉是有差别

的，如果没有差别，那么恭喜你，这个人到目前为止是相对真实和一致的。

第四步：视频。

经过几次电话沟通，我们就可以从这25个人里再筛选出10~15个人进行视频见面，视频是在线下见面前看到对方真实样貌及生活状态的最后一步。

第五步：见面。

我们从最初的10万个人里面，经过层层把关，筛选出10个人进行线下见面。到这一步，我们才终于从网络世界来到了现实生活，见面才是真正了解一个人的开始。

吃饭、逛街、一日游等都是两个人第一次见面时了解对方的很好的方式。切忌在偏僻的地方见面，尽量选择繁华的、相对安全的地方。不过现在的社会治安做得很好，也不必过分担忧。

第六步：相处。

在线下见面的这10个人里面，我们假设可以和其中的3~5个人继续相处，经过一段时间的相处，再从中选出那个可以和我们相伴一生的人。

最后提醒，可以交往的3~5个人不是同一时间出现的，更不是和3~5个人同时交往。

为什么不从第一步直接跳到最后一步见面交往？当然可以这样，这样可以节约很多时间，但若不具备慧眼识人的能力和自我保护的能力，还是老老实实按部就班吧，毕竟了解一个人不是那么容易的事，找到真爱也不是那么简单的事。

所有积极正向的结果都是要付出时间和精力的，更何况是相伴一生的爱人，不要有侥幸心理，认为天上可以掉馅饼。

每个人都不相同，对于同样的事，每个人的解读会有些许差异，实际操作中更会千差万别。前文所述交友六部曲中的数字只是假设，实际交友时，不可生搬硬套。

＊ 真的有幸福

我们每个人都想拥有幸福的婚姻，这个世界上，幸福婚姻真的存在吗？如果没有，那么我们不是在追求一个实现不了的目标吗？很长一段时间里，我一直在问自己这个问题。

现在我对这个问题的回答是肯定的。那么，我们内心的疑虑是怎么来的，我想有以下几个原因：

一、取决于我们怎么来定义"幸福"。如果我们给幸福贴上"从不吵架""举案齐眉""事业顺利""妻贤子孝""一帆风顺""父母高寿""身体健康""物质丰富"等标签时，就会发现周围人的婚姻，包括自己的和父母的婚姻都不完全符合这些标准，那我们是不是就都不幸福了呢？我想不是的，这是犯了理想主义、完美主义的错误，脱离了现实生活的存在。如果你这样定义幸福，那么幸福就等同于童话，童话是不存在的，所以你要找的幸福必然也是不存在的。

二、幸福是以动态的形式存在的，就像快乐，这个世界上有时时刻刻的快乐吗？答案肯定是没有，但你不能就此得出一个结论：快乐是不存在的。幸福和快乐一样，都是以一种动态的形式存在的，所以婚姻中有争吵，有和解；有分歧，有认同；有疾病，有健康；有得意，也有失意，这才是真实的婚姻和人生。不同婚姻之间的区别在于每个人不同的应对模式，决定了你是痛苦多一些还是快乐多一些，你是苦中作乐还是无病呻吟。幸福一定是存在的，只是没有以你想要的方式存在或者不会时时刻刻都存在。

三、这些年，"高离婚率"频频出现在我们的新闻报道和讨论话题里，这也让大家对婚姻产生了怀疑和失望。其实这里面有一些认知的误区：第一，"高离婚率"是相对于过去讲的，我们国家过去几十年社会经济高速发展，取得了令全世界瞩目的成就，同时人们的思想也获得了从未有过的解放，离婚恰恰是这个时代赋予我们每个公民的自由。像我们的父辈，即使过得磕磕绊绊、吵吵闹闹，但碍于社会环境、周围人的评判、为了孩子等原因，而在一起度过不快乐的一生，从而保持低离婚率就是好的吗？第二，离婚率再高也是低于在婚的数值的，所以我们不能只盯着离婚率这个数字来抱怨，也要研究下处在婚姻中的家庭的和谐之道。第三，婚姻家庭作为一个社会最基础的集体存在，在新的社会环境下出现新的问题是正常的，而且很多是我们之前没有遇到过的。就像网络在带给大家便利的同时也有很多人利用网络犯罪，不能因为网络出现了一些问题就说它是不好的。我们要做的就是面对这些新的问题，学习和研究解决问题的方法，让更多的家庭拥有更多的幸福，让我们生活的这个社会更加和谐。

所以婚姻没有问题，幸福也没有问题，怎么去面对和解决婚姻中出现的问题才是我们要去解决的问题。

＊ 婚姻新要求

过去传统婚姻的特点，简单总结就是六个字：过日子生孩子。这也是我们的父辈、祖辈婚姻的真实写照，但是这种婚姻模式显然是不适应现代社会的。那么现代婚姻模式应该是怎样的，它的核心需求是什么呢？

现代婚姻靠心理、文化、情感和性来维系，也许有人会有疑问：这不对啊，这和我们平时看到、听到的不一样啊，尤其是相亲的时候，不都先考察对方有没有车、有没有房、有没有存款吗？

那我们就从以下两个方面来分析下：第一，我们正常情况下，都是先恋爱后结婚。在恋爱的时候，男女是因为彼此吸引而在一起的，这个吸引就是一个人内在和外在的综合表现，大家因为有共同语言，因为彼此相爱而走进婚姻。而相亲的人都是奔着结婚去的，目的很明确，而且大部分人是因为急于结婚才去相亲的，所以会把物质条件摆在考核对方的第一位。当然，媒体对于这种现象的宣传及放大也给我们造成了某种错觉，认为所有相亲都是这样的开门见山，其实越是在大城市，在经济相对发达的地区，文化水平较高、经济相对独立的人，是不会在相亲的一开始就这么直白地问这些问题的。有些媒体为了吸引大家的眼球，会刻意宣传一些极端的案例来获取关注。第二，我们通过分析现代的离婚案例就会发现，大部分人不是因为对方没有房、没有车、没有存款而离的婚，而是因为性格不合、感情破裂，甚至是家暴等原因离的婚。从这些离婚原因中，我们就可以知道在婚姻中，我们更需要的是什么，缺少的是什么。

现代社会，我们每个人对婚姻的要求都变高了，在婚姻中，彼此的心理需求、文化需求、情感需求以及对性的需求是核心内容，也是过去的婚姻所忽略的，但是我们的内心可能还没有把这些真正重视起来，以为我们的婚姻和我们所看到的父辈的婚姻一样简单。这是因为我们的思维模式和婚姻能力没有跟上社会的发展变化，我们甚至还在抱怨是社会的问题，是别人的问题。

细想一下，在现代婚姻中，我们对心理、情感、文化和性的追求比起过去"过日子生孩子"的婚姻模式不知道进步了多少，只是我们看不清、跟不上，不想提升自己，还陷在过去的思维模式里，误以为是外在的问题，其实是我们自己没有提升和适应社会的发展变化。

| 第三章 |

家 庭

LOVE

＊ 融合的家

几乎每个人都来自家庭，成年后也大都会建立自己的家庭，生儿育女。子女成年后也会离开原生家庭，建立新的家庭。家庭贯穿人的一生，也是社会生活的基础单位，所以维护好自己的家庭，对个人、对社会都是一件头等大事。

改革开放40多年，西方的文化和价值观迅速传入我国，中国人聪明好学，西方人的家庭模式和理念很快就被我们借鉴过来。在这个过程中，我们发现西方人的家庭观念和我们东方的传统家庭观念有很多冲突的地方，比如：西方家庭成员之间的关系没有我们家庭成员之间那么紧密；西方家庭中父母和成年子女之间的关系相对独立，我们更多时候是注重整个大家庭的整体性与和谐；西方家庭对孩子更多强调独立自主，我们更多时候看重的是生活规划……一味地宣扬西方文化和价值观甚至照搬照学和过度传扬传统文化而对西方文化十分排斥都是在走极端。中华文化有一个巨大的包容能力，就是对各种外来文化的吸收和改进，直到它们完全适应在这片土地上生长，这是我们中华文化强大的同化力。不过目前，东西方两种价值观还处在矛盾、冲突和融合的过程中，还需要时间来成就，我们每个人也会在这个过程中贡献自己的能量，并形成适合我们自己的家庭观念。

✽ 夫妻的家

父母和孩子之间是个非常稳定的三角关系，孩子对夫妻之间的关系有着微妙的平衡作用，夫妻之间的和谐度也直接影响着孩子的成长和未来。很多夫妻在有了孩子后，把焦点都放在孩子身上，忽略了伴侣的感受，这是我们在处理这个三角关系时最大的误区。

有些伴侣会把时间和精力过度投入到孩子身上，更有甚者会在夫妻产生矛盾时拉拢孩子形成同盟来对抗另一方，这种做法对夫妻关系和家庭关系不但没有帮助，还会起到破坏作用，而且对孩子的成长甚至孩子成年后择偶都会产生不好的影响。

这个家是夫妻和孩子的家，但终归还是夫妻二人的家，孩子终将走出原生家庭，建立自己的新家庭。所以我们要清醒地认识到夫妻关系才是家庭中最核心的关系，亲子关系是排在它之后的。父母首先要处理好夫妻之间的关系，孩子才能拥有发展出良好两性关系的能力。

为什么在有了孩子后，夫妻双方或者夫妻一方会把焦点从伴侣身上转移到孩子身上？

第一，孩子刚出生时，由于生理上的原因需要父母付出大量的精力和时间去照顾，这是现实因素，但有一个需要注意的点就是，随着孩子的成长，父母的角色应该一点点地做战略上的后退。因为随着孩子的长大，父母要培养他的独立性，而不是助长他的依赖性（也可能是父母对孩子的依赖性）。这种后退对孩子的成长和今后能够尽早地独自面对社会是有利的，而且在后退后，焦点重新回到伴侣身上对夫妻关系的稳固也是有利的。不要错误地认为有了孩子，夫妻关系就更加稳定了，太多例子证明感情不合的夫妇，即使有了小孩也会选择离婚。也有一些夫妻认为，一方照顾好孩子就可以获得另一方的认同和感恩，甚至会稳固夫妻之间的关系。对此，我认为伴侣对于另一方的付出表示认同和感恩或许存在，但是以为这样就可以解决夫妻之间的问题那就大错特错了。看看很多夫妻为什么会把离婚的时间点定在孩子考上大学后就明白了，因为这时父母作为孩子养育者的角色结束了，在此之前，他们把精力过度投入到孩子身上，没有处理好和伴侣的关系，那么这时他们作为伴侣的角色也就结束了。如果夫妻二人在家庭中把次要任务当成主要任务来完成，把次要关系当成主要关系来维护，最后的结果不是抚育孩子的任务完成后夫妻分开，就是孩子长大后不需要你的陪伴而伴侣也早就习惯了你的不陪伴，即使婚姻关系还在，你却成了实际上的孤家寡人，甚至陷入更糟糕的境地（夫妻之间互相指责或是冷战，还有可能伴侣一方或者双方都在家庭之外寻找所谓的"第三方"寻求慰藉）。

当然，在这个阶段，作为生育者的母亲可能对孩子会有更多的投入和不舍，要想做到把伴侣在心里的位置排到孩子前面确实有些困难，但是为了整个家庭，为了更好的个人发展，还是要理智一些，建立良好的夫妻关系才是家庭经营的核心。

第二，有些夫妻不懂得如何经营夫妻关系，转而去经营和孩子之间的关系（成人和孩子的关系比成人和成人之间的关系相对好处理），甚至通过争夺到孩子,并以此来作为夫妻间互相攻击的筹码。

夫妻一方或者双方过度捆绑子女,有一部分原因是对夫妻之间问题的回避和转移,当没有办法解决和处理夫妻关系时,就通过对孩子的过度关注来转移这部分的需求。事实上,夫妻关系融洽和谐才会给孩子的健康成长营造良好的环境,夫妻二人的小家经营好了,才会有和孩子建立和谐家庭的可能。

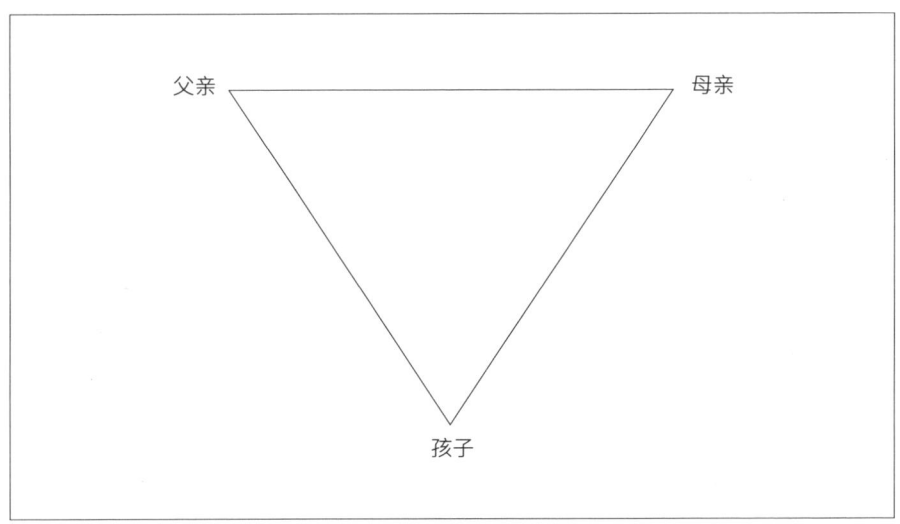

图 3-1 家庭关系呈铁三角形态

上图诠释出以下信息:

1. 在独生子女方家庭,父母和孩子之间是一个稳定的三角关系。而在多子女方家庭,因为性别、排序等原因,子女之间会形成竞争,产生争夺心理。

2. 夫妻关系不和谐,大概率会对子女的两性关系观念的形成产生不良影响，好的夫妻关系是给孩子最好的礼物之一。

3. 夫妻之间发生冲突很容易让孩子选边站，孩子为了维持稳定的三角关系也会介入到父母的冲突中。有智慧的父母可以做到在夫妻二人发生冲突时，把对孩子的影响降到最小，甚至是把消极影响转变成积极影响。

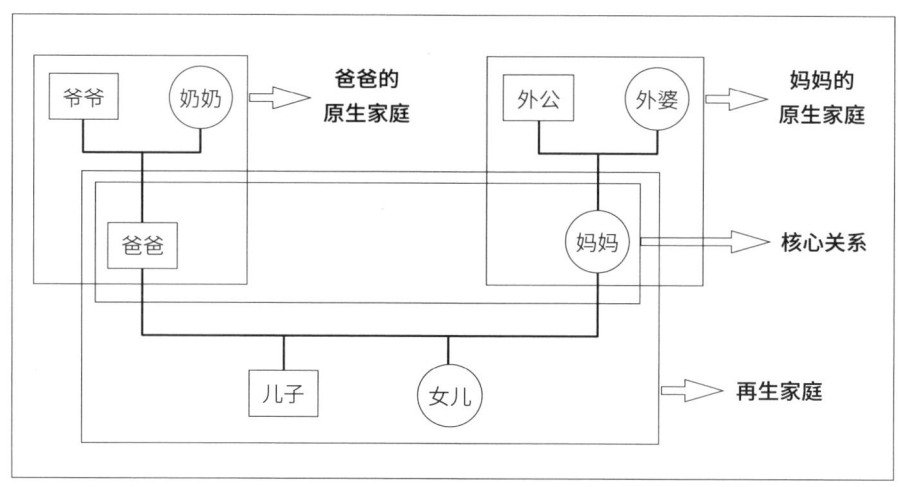

图 3-2 三代家庭

三代家庭图诠释：

1. 三代家庭既是一个大家庭，也是三个相对独立的家庭。爸爸、妈妈和孩子组成的再生家庭是三个家庭中的核心家庭。

2. 在三代家庭所有成员的相互关系中，再生家庭中的夫妻关系是最核心、最重要的关系，没有之一。

3. 在三个相对独立的家庭中，三对夫妻中任何一对夫妻关系出现问题都要在夫妻之间解决，尤其是当子女的夫妻关系出现问题时，父母不要试图介入，这种介入行为不是帮孩子而是"害"孩子。

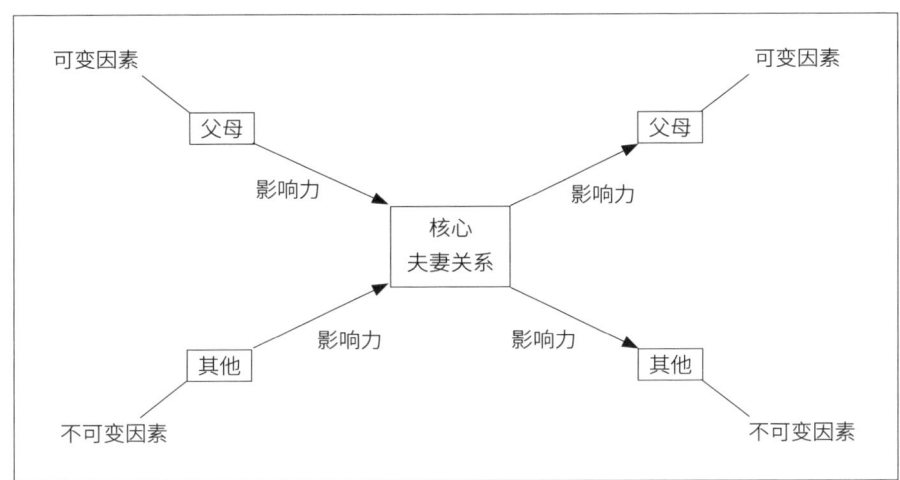

图 3-3 夫妻关系影响力

在家庭内部，影响到夫妻关系的不仅有子女的因素，还有来自双方父母的因素（见图 3-3）。我把影响夫妻关系的因素分为可变因素和不可变因素两个部分，父母、孩子都属于可变因素；自然灾害、大环境变化等都属于不可变因素。接下来，我把父母因素和夫妻关系的影响力作为重点进行分析。

1. 父母关心孩子的婚恋是正常现象，但是因为关心而影响到孩子的夫妻关系就是一个问题了。当然，也有一些孩子的婚姻出现问题是因为孩子主动要求父母介入自己的婚姻。

2. 在父母和孩子之间有一个影响力的问题。这个影响力指的是父母对你有强大的话语权或者是你不愿离开父母的怀抱，又或者是你有一些陈旧观念没有改变。有些父母即使自己的子女结婚了，也会通过物质或心理方面对子女施加影响，试图继续指导他们的人生。有些子女结了婚，但是内心并未成长或是成熟，依旧在心理上处处依赖父母，有些人觉得父母是长辈，对自己的婚姻"指手画脚"是理所应当的。

3. 放手恰恰是父母对孩子最大的爱，在孩子成年走进婚姻后还不放手，那还要等到什么时候？一个人走进婚姻甚至自己都要做父母了还在内心依赖自己的父母，那何时才能长大？一个成年人的独立，指的是内心的独立，在和父母的关系中体现为彼此尊重。这种尊重是不企图干涉父母的婚姻，也不允许父母干涉自己的婚姻。当然，前提是你要处理好和伴侣的关系，只有自己的婚姻幸福才不会给他人介入的理由和机会。所以想要独立自主的核心，就是要经营好自己的婚姻。

4. 当你能够经营好夫妻关系时，你会发现父母对你的影响力在慢慢减弱，你对父母的影响力在慢慢增强。我们这里指的影响力不是有能力去干涉别人，而是看到你过得幸福父母就无话可说，他们的关注点也会回到自己的婚姻生活，你的幸福也会带给他们幸福，这是因为你的独立生活的能力会让他们感到放心和踏实，此外，也许他们会从你的家庭生活中学习到一些对他们有帮助的地方。

5. 影响力在我们每个人的人生中都是一个重要的内容，当你具备一定的能力时，你对外在的影响力是自然而然产生的，当别人具备你所不具备的能力时，别人对你的影响力也是自然而然产生的。

无论是可变因素还是不可变因素，我们只有把关注点放在夫妻二人的关系上，夫妻二人才会成为整个家庭的核心，新生的夫妻才能尽早撑起这个大家庭航行的船帆。

超越上一辈，比上一辈过得更好才是符合事物发展规律和社会进步的标志,而不是走不出父母的影响甚至是阴影,因为这才是你应得的人生。

✳ 父母的家

随着我们的物质条件越来越好,很多人结婚后选择了和父母分开居住,在物理空间上有了父母的家和自己的家的区别。可是在心理上我们未必就能有清晰的界限,这个界限就是:什么是父母的事,什么是夫妻的事,什么是自己的事;什么是父母家里的事,什么是自己家里的事,什么是整个大家庭的事。比如:夫妻之间的很多事情,我们会分享给自己的父母,尤其是夫妻间的一些矛盾,这时如果父母内心的界限感不是很强的话就会介入夫妻之间的生活,不管从是言语上还是行为上。结果你会发现事情往往越来越糟,越来越复杂。

如果两代人居住在一起,父母知道孩子有了自己的家庭,就应该让孩子承担起家庭的责任,不过度介入孩子的生活。夫妻俩也要明白自己这个小家的事要在夫妻两个人之间解决,而不是动不动就诉诸父母,那样只能阻碍这个新家庭的发展。归根结底就是要让自己的内心独立,面对自己应该面对的事。老人也要主动退居"二线",在孩子家庭的事情上让孩子自己做主,而不是过度介入和干预。

父母的家和自己的家要有界限感,并不代表和父母分出界限、不理父母,甚至不孝顺父母。就像你的孩子去学校上学,你要让孩子学会在学校独立面对老师和同学,尽量不去干扰他,让他自己成长,而不是操心不断，去阻碍孩子的成长。你不可能跟随孩子一生，对于父母来说，孩子越早独立，父母也就能越早放心，培养一个能够独立面对社会的孩子，是父母和家庭的核心目标，是对社会的巨大贡献，也是真正爱孩子的表现。不干扰孩子并不代表你不爱他，而是要让他自己去发展和成长。孩子放学回到家后，在属于亲子的时间里去做亲子之间的互动，也就是在什么空间里做什么事，等孩子成年后、结婚后，给孩子越来越多的独立时间直到完全退出，这个退出更多的是心理上的，就是你不用为孩子过多操心，因为他们已经能够独立面对这个世界、面对自己的家庭。

从子女的角度讲，当我们具备一定实力或者能力后，也会不自觉地去干涉父母的生活。比如：父母吃什么，穿什么，应该怎么样生活。当子女干涉时，往往还要加上一个为了父母身体健康的理由。可是很多时候，我们还会去干涉父母的感情生活，结果往往是满足了我们内心"爱"的需求（也许是想要"掌控"的需求），却剥夺了父母管理自己生活的权利。最后常常是孩子"要"不到自己想要的结果，父母活不出自己想活的人生。这里面也是一个把握界限，也就是度的问题。

在孩子和父母之间我们要注意两点：第一，父母之间的问题已经存在了几十年，他们已经形成了一套彼此熟悉的相处模式，这套相处模式虽然会让我们不舒服，但是我们更重要的任务是过好自己的生活和养育下一代，而不是把焦点放在父母身上，去改变父母。父母的相处模式虽然不一定太和谐，但也没有走到分道扬镳的地步，他们已经形成了一种即使每天争吵也还是不会分开的夫妻关系。

所以我们不用过度关注，更不必挖空心思去改变父母，如果有时间就和父母多待一会儿,如果工作繁忙就去忙自己的,画好这个界限也许会让彼此更安好。

第二,在对待父母的事情上,做到"自己能力之内的去做,自己能力之外的不去做"。试想想,自己的婚姻想要有所提升和改变有多难,更不用说还要跑到父母家里去改变他们,结果只会添乱。如果父母对你的要求超出了你的承受范围,对父母坦诚讲因自己能力有限做不到就好,而不必为了掩饰和害怕面对自己内心的"无能感",过度讨好父母,去做自己能力之外的事。做自己能力之外的事,有时结果会是父母没有得到满足却又给自己添了麻烦,有些麻烦甚至会造成不可挽回的后果。

＊ 孩子的家

孩子成立自己的家庭对于父母来说是一件幸福开心的事，也是一件难以适应而且需要时间去适应，最终却是必须要适应的事。

父母开心的是孩子有了自己的伴侣，有了自己的家，完成了人生的一件大事。难以适应的是陪伴自己几十年的孩子要离开自己和另一个人生活，这在心理上是比较难适应的。能够做到内心分离是拥有爱的能力的重要表现，所以做父母的必须要修好这一门课。

对成立新家庭的夫妻来说，要维系好这个家同样不容易。有人说"婚姻是爱情的坟墓"，我想说即使不结婚，在一起时间长了，爱情也会慢慢淡化，进入婚姻是检验我们亲密关系保持能力的一个考场，如果不及格，我们就要分析下试卷，看看问题出在哪里？加加班，补补课，争取下次及格甚至能够拿到高分。从另一个层面来讲，婚姻不是到了考试的时候再去学习，那样就晚了，甚至可能交白卷，我们要建立起先学习再考试的理念。

想要建立好一个新的家庭，在我看来不比拿到一个博士学位或者是在事业上做出一番成绩来得容易，好在我们生活的时代信息发达，只要你愿意去学，这个世界并不缺少接触知识的机会。

很多时候我们缺少的是去学习的心，这个心可能更多地是用在了家庭之外，甚至爱人之外，所以当夫妻之间出现问题，你第一个要反省的是你在爱人身上花了多少时间和精力，和别的事情相比，你付出的是不是太少了？婚姻是一颗种子，当我们种下这颗种子之后，如果没有后续的维护和打理，这颗种子怎么会生长良好，长成枝繁叶茂的大树？

＊ 现在的家

我国经济高速发展，社会生活稳定，在大好环境之下，无论男女，每个人都在为实现自己的人生价值而努力奋斗。在这个大的背景之下，家庭也呈现出来一些新的现象。

一、当社会给到每个人平等就业机会时，女性在社会建设中发挥越来越多的作用，当夫妻二人同时投入到工作中时，事业和家庭之间的矛盾和冲突也就凸显出来了。父母普遍缺少对孩子的陪伴，所以有一句话说得很好："陪伴是给孩子最好的礼物。"

（一）夫妻二人在工作忙碌之余也会聚少离多，甚至缺少沟通。当彼此都无法满足对方对情感的需求时，内心就会产生空虚和失落，严重时甚至会抱怨对方对自己的忽略，产生矛盾和争吵，还会降低对夫妻生活的需求，这对夫妻关系也有巨大的伤害，甚至会带来在家庭之外寻找新的情感慰藉和生理满足的危险。

（二）事业型夫妻常常会因为对工作的过度投入而忽略对双方老人的关注和陪伴。

（三）要想获得事业上的成功和社会的认可，不单单是付出时间成本这么简单，激烈的社会竞争，还有各种关系、利益的处理和平衡，都会造成巨大的心理压力。如果这个压力超出你的承受范围，就会出现心理问题，这不但影响自己的情绪和健康，对其他家庭成员也会产生不利的影响，因为这些情绪很容易从外界转移到家庭内部，从而爆发冲突和矛盾，进而影响和家人之间的关系。

二、随着我国城市化进程加快，越来越多的农村人口向城市迁移，小城市人口也逐步向大城市迁移，新的家庭问题也随之而来。

（一）因很多老人适应不了大城市快节奏的生活，还有对新的陌生环境的不适应感，再加上现实生活的压力（年轻人没有足够的经济条件满足老人和自己生活在一起），很多家庭是子女和老人异地而居。如此一来，子女对老人的关心和照顾就只能局限在逢年过节的假期之时了，好在互联网的发达和交通的便捷使得沟通和团聚相对容易了很多。

（二）一些夫妻因为户口、经济、精力等原因无法把孩子带在身边，把孩子留在老家由父母或者亲属代养，这就形成了"留守儿童"现象。

（三）还有一些夫妻一起出门打工，但是因为环境、机会、能力等问题，其中一方留在城市继续工作，另一方不得已回到老家生活，原本一起生活的夫妻又形成了新的异地分居模式。这种模式下，虽然留守的一方方便在家照顾孩子，可是异地分居带来的夫妻间的问题却是不可避免的。

三、中国很多家庭是女人当家的模式，家中大小事务基本上是妻子说了算，丈夫在家庭生活中基本采取"退让"和"隐忍"的策略。

在独生子女方家庭出现了一些新的家庭模式，即姥姥姥爷＋女儿女婿＋外孙（女）的家庭模式，这种家庭模式有以下几个特点：

（一）这种家庭模式一般出现在独生子女或者两个子女（一个男孩、一个女孩）的家庭。有时你会看到老人是和女儿女婿生活在一起，而老人的儿子和儿媳是和自己的亲家生活在一起。

（二）很多夫妻在精力和经济压力下不愿意生育，但是在父母的劝说下又有了生育的底气。这底气之一就是双方或一方的父母对子女承诺：生了孩子由他们来带，甚至养育的费用也由他们负担。

这样既缓解了父母内心的焦虑，也解决了夫妻的现实问题。老人不会因为退休而无所事事，可以继续为子女分担养育下一代的责任，老人帮子女带孩子也可以弥补子女成年后老人心理上的空虚感。所以有人说孩子是给姥姥姥爷生的。如果你仔细观察就会发现，小区里带孩子的姥姥姥爷占了很大的比例。当然，孩子也有可能是给爷爷奶奶生的。

因为孩子的照顾问题，父母也有可能借着照顾孙辈的机会"侵入"和"干涉"夫妻的生活，从而对小家庭的独立和夫妻二人的成长带来一定的阻碍。

（三）新的家庭模式改变了传统的爷爷奶奶＋儿子儿媳＋孙子（女）的家庭模式，这是特定历史条件下形成的，也是中国女性家庭地位提高的一个显著表现。但是，万事都是有利有弊的，这种新的家庭模式对每个人自我身份的认同、对下一代的成长，给传统家庭观念造成的冲击都是不可避免的。

✳ 未来的家

有人说，婚姻制度在未来会消失。如果婚姻没有了，家庭是不是也就不存在了？如果是这样，那么人类怎么延续？人和人之间怎么深度联结？

我不赞同上面的说法，对未来也没有那么悲观。不能说越来越多的年轻人选择单身生活，或者即使结婚也选择丁克就是婚姻制度不合理和将要消亡的证明。首先，这种现象越来越多是相对于过去的少而言的，并不是有数据可以证明单身人群已经超过已婚人群，这更多的是我们的主观感受，而不是事实。其次，我们应该用多元化的视角去看待这些社会现象，文化的繁荣、物质的丰富、社会的宽容让人们在婚恋上可以有更多的选择，但是走进婚姻、成立家庭、养育子女还是社会的主流。

人对婚姻家庭的需求不单单是现实生存和生活的需求，更是生理心理上的本能需要。时代的发展给每个人自我价值的实现提供了多种路径，但这并不代表要以牺牲亲密关系作为代价。人生就像在大海中游泳，婚姻家庭就是大海中一艘艘让我们栖息的船只，即使是游泳健将，也不可能一直待在水中而不需要船只的庇护。只不过随着时代的发展，原来的木船换成了由钢铁做的轮船，还有了发动机，即使是这样，你也不能认为这艘船不用驾驶、不需要船上的人齐心协力就可以乘风破浪。

恰恰是因为时代的发展，我们更需要高超的驾驶技术和灵活的分工模式，才能驾驶好这艘船。而且这艘现代化的轮船更需要精心的维护才能更长久、更平稳地行驶，如果出现问题，我们也需要更专业的知识来维护和修理。

婚姻和家庭在新的时代出现新的问题是必然的，对我们身处其中的每个人提出新的要求也是正常的。

人类从农耕时代到工业时代的漫长历史中，不管这个世界有了多么翻天覆地的变化，人性都没有变，只是社会规则的变化对每个人提出了更高的要求。婚姻家庭也是如此，每个人对婚姻家庭的需求依然存在，只是对我们处理这些问题的能力要求更高了。过去，传统的家庭分工是男主外、女主内，现在倡导男女平等，每个人都有机会参与到社会生活和工作中来，我在很多两性关系的课堂上，看到了大量的女性学员，男性学员却寥寥无几，越来越多的女性投入到学习和提升自我中来。每每看到这样的场景，我真对中国女性表示钦佩，同时也为男同胞感到深深的担忧，因为婚姻是两个人的事，需要夫妻二人共同努力。

一方的自我成长只能解决自己的问题，同时也会带来新的两性问题，那就是一方在进步，另一方在原地踏步，由此带来的结果可能是旧的问题没有解决掉，新的问题又产生了（成长的人有可能会产生"我高你低"的心态，夫妻之间没有了平等和尊重必然会产生新的问题；没有成长的人可能会产生嫉妒心理，严重的话还可能发展出攻击对方的行为）。

在家庭这条船上，需要每个人都来划桨才能平稳地朝同一方向前进，否则就会偏航甚至发生事故。我想很多男性可能在内心觉得自己不需要改变和学习，就能处理好家庭里的问题（这是一种盲目自信），可能还有一些人是放不下脸面和身段，不好意思去学习（这是一种大男子主义或者是要面子的行为），当然，也许还有很多别的原因。

希望这种局面在将来可以得到改变，在两性关系学习成长的路上，男女双方可以做到比翼双飞，而不是"阴盛阳衰"。

✳ 理想的家

举案齐眉、相濡以沫、儿孙绕膝、家和万事兴，这些都是千百年来我们对婚姻、对家庭的美好向往和努力的目标，但目标不是一蹴而就的，也不是那么容易就能达到的，任何美好的愿望都是需要通过奋斗、学习和努力才能实现的。

在实现过程中，遇到一些挫折和矛盾是很正常的，恰恰是这些挫折和矛盾使我们成长。每当我分享一些内心的纠结和痛苦给我的爱人时，她对我说的第一句话都是"这是一件好事"，于是我就开始思考这件给我带来痛苦和麻烦的事好在哪里。经过对各个层面和角度的分析和思考后，我果然发现了这件事有意义的一面，心情也就没有那么抑郁和糟糕了。

久而久之，也就形成了一套新的思维模式：当遇到不好的事情让我心情变坏时，脑袋里条件反射似的就会出现这句话："这是一件好事"，然后就开始觉察、分析、思考。当你找到事情的正面意义时，心情也就变好了，阳光也就会照进生活。

当然，这个方法不是说可以让当下的坏事变成好事，只是帮你从不利中找到对你有利的，迅速转换你的心情。当你能够快速从坏情绪中走出来，用一个好的情绪和心境去面对问题时，也许这件坏事情真的就成为好事情了。

中国古人就有"塞翁失马,焉知非福"的智慧,也有老子的"祸兮福之所倚,福兮祸之所伏"的福祸相依大智慧,这是我们的祖先留给我们的宝贵财富,我们每个人都要好好领会其中的奥妙并内化成帮助我们更好生活的工具。

大家都说"理想很丰满,现实很骨感"。记得有一段时间,骨感美也是很流行的,当你既能欣赏丰满之美,又能接受骨感之美时,无论现实环境如何变化,你都能安之若素,因为不管它如何变化,你都能感受到它的美,甚至变化本身就是一种美,事实不就是如此吗?

* 家的问题

我有一段时间接触到特教学校。特教学校，顾名思义就是特殊教育学校，那里都是一些"问题"孩子，他们基本处于休学状态，家长也是实在没有办法了才把孩子送到那里，希望学校能够帮助他们解决孩子的问题。

我在学校观察到一些值得大家思考的现象。

一、这些孩子的家庭基本上存在"父亲缺失、母亲焦虑"的情况，当孩子出现问题后，父母都很焦虑。

二、很多孩子在来到特教学校一段时间后，问题减少甚至是大部分问题得到了缓解，但是当他们再次回到家庭后，问题又重新出现了。

三、特教学校不能完全解决这些孩子的问题，这些孩子的父母也没有更好的方法，如果他们有方法就不会把孩子送到特教学校来了。

那么仅仅是特教学校里有这样的孩子吗？我想"父亲缺失、母亲焦虑、问题孩子"这样的情况在我们的生活中还是大量存在的，只是严重程度不同而已。那么问题到底出在哪里？解决的方法又在哪里？

一、在男主外、女主内的家庭分工中，男人负责工作，提供家庭的物质保障，女人主要负责家务和孩子的成长教育。在这样的分工模式下，父亲因忙于工作和应酬，经常疏于对孩子陪伴和教育，所以父亲在孩子成长的过程中，大部分时间是缺失的状态，这种情况下，孩子很难从父亲那里得到想要的东西，比如责任感、力量等。

二、在这样的家庭分工中，妻子首先在夫妻关系中失去了丈夫的陪伴，很多时候处在孤独和无助的状态，于是便会产生焦虑，这种焦虑是会被孩子感受到的。如果进一步发展，夫妻之间就会产生矛盾和隔阂（比如交流变少甚至不畅），孩子就会想通过制造问题来挽救父母之间的感情（孩子可能认为这样是有效的）。这样一来，孩子的问题又会加剧夫妻之间的矛盾。

所以从这个角度讲，孩子的问题大部分是夫妻问题的衍生品，而夫妻之间的问题又是各自的问题没有能力去解决的结果。

三、孩子的问题大部分是因夫妻之间的问题产生的，夫妻之间的问题又是个人问题造成的。最终的解决之道就是每个人先处理好自己的问题，再处理夫妻之间的问题，如果夫妻关系和谐了，孩子的问题大概率会慢慢消失。

四、孩子在特教学校换了一个环境，暂时脱离了原生家庭环境，问题自然会缓解，但不是彻底解决。如果原生家庭的问题没有得到改善，孩子回到父母身边后还会旧疾复发。

五、环境造就人，环境也改变人。父母首先要塑造好自己，处理好夫妻之间的关系，这样才能养育一个身心健康的孩子。可是很多父母误以为问题都出在孩子身上，拼命想要改变孩子，其实是南辕北辙，走错了方向。还有一种情况是父母知道是自己的问题，可是他们都无力改变现状，于是只能寄希望于孩子做出改变，就像很多人过得不如意就会把希望寄托在孩子身上,希望孩子能够代替自己活出自己想要的人生。细细想来,我们成年人有时给孩子的爱是多么自私。

* 孩子的问题

中国的父母重视教育，重视对孩子的投入，甚至把孩子当成家庭和父母的希望。然而正是在这样的期望和压力之下，很多孩子出现了一些问题。

一、以自我为中心。在一胎家庭，孩子很容易成为家庭的焦点，受到来自父母和四位祖辈的无缝式关心，这让孩子渐渐形成了自己是家庭核心的心理，走出家庭后也一直在追求以自我为中心的状态。然而，同龄段的孩子基本上也都是独生子女，当你有能力成为同龄人的中心时，自然可以满足和延续之前的心理状态；如果不能，内心难免会有一个挣扎和改变的过程，这时如果无法调整好心态，那么就会产生心理问题。

很难讲以自我为中心对一个人的后续发展是好是坏，当你有能力驾驭它时，你可以团结和带领别人；当你能力不足时，如果还要大家围绕着你，结果可能就成了"孤家寡人"。就像是金钱本身无所谓好坏，当你有能力驾驭它时，金钱会给你带来好处，当你驾驭不了时，金钱越多，可能对你的伤害越大。

二、过度自信。我们这一代人的父母很多都是苦出身，尤其像我这样在农村长大的孩子，父母在他们那个年代没有接受过好的教育，能够读到小学毕业、会读书写字就已经很不错了。在那个年代，父母对孩子成长的焦点都集中在"生存"这个目标上。

孩子做得不好的地方，自然逃脱不了父母的批评甚至是打骂，但是做得好的地方却很少得到家人的夸奖和肯定，在这种环境下成长起来的孩子普遍自信心不足。这不全是父母的问题，因为父母的父母没有教给他们这些，他们自身的生长环境也没能让他们学习到这些。

他们把知道的、拥有的已经毫无保留地给到我们了，给不到我们的是他们没有的，所以我们想要也要不到。

我们这一代的父母知道并且学会了要给予孩子赞美和肯定，而且还要把我们小时候没有得到的那一份也加倍补偿在孩子身上。

现在的独生子女，父母是倍加爱惜，生怕出现什么意外。批评孩子时还要深思熟虑，生怕影响孩子的心理成长，至于打骂，那更是不可能的，当孩子觉察到你有这个苗头时早就先声夺人，给你一个下马威，以法律不允许要报警为由，甚至以跳楼和离家出走相威胁，做家长的也是有苦说不出。

父母在给到孩子太多的赞美和肯定，同时对孩子的不良行为又不能很好地惩戒时，过多的赞美和肯定很可能使孩子形成盲目的自信（没有根据的自信，只是在主观上认为可以）和夸大的自信（本来自己只有 5 分，却认为自己可以做到 10 分）。

过度自信的人往往在步入社会后会被现实一次次浇冷水，也许还会从此走向另一个极端，不愿面对真实的自我，当然也有可能会从一次次的打击中浴火重生，到底会怎样，还是要以结果来检验。

三、撒谎。孩子为什么会撒谎？一方面是为了掩盖事实，另一方面是为了获得关注。

掩盖事实一定是掩盖一个不好的事实，对于不好的事实为什么要掩盖？其中一个很重要的原因是家长不能接受孩子的错误或者缺点。

有家长会说：我可以接受孩子的缺点啊！那只是嘴上说说而已，具体在行为上你真的可以接受吗？很多时候，我们在孩子做得好的方面会给予肯定和鼓励，这种肯定和鼓励甚至有些过度，而在孩子做错事情的时候可能又会过度批评。长此以往，孩子会形成一个观念：父母只能接纳好的我，不接纳犯错的我。但人不是完美的，尤其是孩子，于是他们对于自己不完美的部分、做错的部分就想通过撒谎来变成好的部分，以为这样父母才会接受，才会开心。

当孩子从父母的赞美和肯定中获益后，他很享受这种感觉，当这种赞美和肯定不足以带给他内心满足时，为了获得这种感觉，他便会编造一些谎言来博得父母和周围人的关注，以满足内心被关注的需求。

四、掌控。孩子在家人"无缝式关心和安排"的环境下成长，有可能会给他带来很大的问题。当孩子还小、自我意识不强的时候，这样的关心和安排也许没有问题。但是随着年龄的增长，孩子的自我意识越来越强，当他在家里无法安排和掌控自己的生活时，就会通过在外面做一些出格的事情来实现自我的这种掌控感。

很多在家里很"乖"的孩子，在外面却是另外一副模样，甚至有的孩子在外面犯罪家里都不知道。曾经看过一个真实的案例，孩子在法庭上已经被宣判有罪，家长却还不相信，不相信自己的"乖"孩子会是另外一副模样，一个自己不敢相信甚至不认识的人。

而事情的根源，通常是大人的掌控欲在作怪，当家长无法掌控自己的生活或者不满足于自己内心的掌控时，都有可能把这种掌控欲发展到孩子身上。生命自由是人的本能需求，当这种需求被剥夺时，孩子不是反抗、和家人的关系闹得不可开交，就是在家里顺从、在外面通过做些"惊天动地"的事来满足自己内心对掌控的需求。

五、占有。过度满足孩子的需求和对孩子特别苛刻的家庭都有可能培养出占有欲极强的孩子。

过度满足孩子的需求容易让他形成什么都是我的、我什么都可以得到的心理，进而想要占有更多的欲望便会越来越强。而被过度苛刻对待的孩子会形成对外在极度占有的欲望，当在现实生活中这些强烈的欲望无法得到满足时，有的孩子就会产生非分之想，用不合理甚至不合法的手段去获取自己想要的东西，从而造成个人和家庭的悲剧。

培养一个健康、正直、有责任心，对家庭、对社会有用的人不是一件简单的事，父母在这个过程中需要付出很多很多。我想这就是人生的一个重要组成部分，也是人活着的重要意义之一。

| 第四章 |

提 升

LOVE

✽ 个人成长提升

认识自己

（一）

1. 人是 _____ 样的。
2. 人是 _____ 样的。
3. 人是 _____ 样的。
4. 人是 _____ 样的。
5. 人是 _____ 样的。
6. 人是 _____ 样的。
7. 人是 _____ 样的。
8. 人是 _____ 样的。
9. 人是 _____ 样的。
10. 人是 _____ 样的。

A. 把你对人的定义和认识最少写出 10 条，可以多写。

B. 写完后把"人"全部换成"我"，大声读一遍甚至几遍。

C. 读完后觉察自己的内心感受。

（二）

1. 我希望我是 _____ 的人。

2. 我希望我是 _____ 的人。

3. 我希望我是 _____ 的人。

4. 我希望我是 _____ 的人。

5. 我希望我是 _____ 的人。

6. 我希望我是 _____ 的人。

7. 我希望我是 _____ 的人。

8. 我希望我是 _____ 的人。

9. 我希望我是 _____ 的人。

10. 我希望我是 _____ 的人。

1. 我是 _____ 的人。

2. 我是 _____ 的人。

3. 我是 _____ 的人。

4. 我是 _____ 的人。

5. 我是 _____ 的人。

6. 我是 _____ 的人。

7. 我是 _____ 的人。

8. 我是 _____ 的人。

9. 我是 _____ 的人。

10. 我是 _____ 的人。

先完成

我希望我是 _____ 的人。

再写

我是 _____ 的人。

写得越多越好，写完后把这两部分的内容进行比较，看看有什么不同。

第一部分内容是关于理想中的自己，第二部分内容是关于现实中的自己，对比后可以看到理想自我和现实自我的区别和差距。

第一个"我"可以换成"我的妻子、我的丈夫、我的孩子"等。

A

我的妻子希望我是 _____ 的人。

我的妻子希望我是 _____ 的人。

我的妻子希望我是 _____ 的人。

我的妻子希望我是 _____ 的人。

我的妻子希望我是 _____ 的人。

我的妻子希望我是 _____ 的人。

我的妻子希望我是 _____ 的人。

我的妻子希望我是 _____ 的人。

我的妻子希望我是 _____ 的人。

我的妻子希望我是 _____ 的人。

我是 _____ 的人。

我是 _____ 的人。

我是 _____ 的人。

我是 _____ 的人。

我是 _____ 的人。

我是 _____ 的人。

我是 _____ 的人。

我是 _____ 的人。

我是 _____ 的人。

我是 _____ 的人。

注意：你的妻子希望你是怎样的人是妻子内心对你的期待或者是理想化的你，我是怎样的人是对应你妻子的期待或者是理想化的你的具体表现。

举例：我的妻子希望我是对她要有 10 分呵护的人。我是对我的妻子只有 8 分呵护的人。

也可以改成我的丈夫希望我是怎样的人，我是怎样的人。如下：

我的丈夫希望我是 _____ 的人。

我的丈夫希望我是 _____ 的人。

我的丈夫希望我是 _____ 的人。

我的丈夫希望我是 _____ 的人。

我的丈夫希望我是 _____ 的人。

我的丈夫希望我是 _____ 的人。

我的丈夫希望我是 ＿＿＿＿＿＿＿＿＿＿＿＿ 的人。

我的丈夫希望我是 ＿＿＿＿＿＿＿＿＿＿＿＿ 的人。

我的丈夫希望我是 ＿＿＿＿＿＿＿＿＿＿＿＿ 的人。

我的丈夫希望我是 ＿＿＿＿＿＿＿＿＿＿＿＿ 的人。

我是 ＿＿＿＿＿＿＿＿＿＿＿＿ 的人。

我是 ＿＿＿＿＿＿＿＿＿＿＿＿ 的人。

我是 ＿＿＿＿＿＿＿＿＿＿＿＿ 的人。

我是 ＿＿＿＿＿＿＿＿＿＿＿＿ 的人。

我是 ＿＿＿＿＿＿＿＿＿＿＿＿ 的人。

我是 ＿＿＿＿＿＿＿＿＿＿＿＿ 的人。

我是 ＿＿＿＿＿＿＿＿＿＿＿＿ 的人。

我是 ＿＿＿＿＿＿＿＿＿＿＿＿ 的人。

我是 ＿＿＿＿＿＿＿＿＿＿＿＿ 的人。

我是 ＿＿＿＿＿＿＿＿＿＿＿＿ 的人。

注意："是怎样的人"这样的句式设计是为了让我们内心有更强烈的触动，如果填写时会出现困难，可以改成：我的丈夫希望我是贤妻良母，我却一心扑在事业上；我的丈夫希望我能够亲手为他准备早餐，我为我的丈夫点了外卖。这样的变化会更灵活、更具体，如果你有更好的想法和创意也可以按照自己的思路填写。虽然方法不同，但是目的是相同的，就是要找出理想和现实的差距，找到导致差距出现的问题在哪里，然后再想办法去调和解决这些问题。

我的妻子是 _____ 的人。

我的妻子是 _____ 的人。

我的妻子是 _____ 的人。

我的妻子是 _____ 的人。

我的妻子是 _____ 的人。

我的妻子是 _____ 的人。

我的妻子是 _____ 的人。

我的妻子是 _____ 的人。

我的妻子是 _____ 的人。

我的妻子是 _____ 的人。

我希望我的妻子是 _____ 的人。

我希望我的妻子是 _____ 的人。

我希望我的妻子是 _____ 的人。

我希望我的妻子是 _____ 的人。

我希望我的妻子是 _____ 的人。

我希望我的妻子是 _____ 的人。

我希望我的妻子是 _____ 的人。

我希望我的妻子是 _____ 的人。

我希望我的妻子是 _____ 的人。

我希望我的妻子是 _____ 的人。

我的丈夫是 ＿＿＿＿＿＿＿＿＿＿＿＿＿＿ 的人。

我的丈夫是 ＿＿＿＿＿＿＿＿＿＿＿＿＿＿ 的人。

我的丈夫是 ＿＿＿＿＿＿＿＿＿＿＿＿＿＿ 的人。

我的丈夫是 ＿＿＿＿＿＿＿＿＿＿＿＿＿＿ 的人。

我的丈夫是 ＿＿＿＿＿＿＿＿＿＿＿＿＿＿ 的人。

我的丈夫是 ＿＿＿＿＿＿＿＿＿＿＿＿＿＿ 的人。

我的丈夫是 ＿＿＿＿＿＿＿＿＿＿＿＿＿＿ 的人。

我的丈夫是 ＿＿＿＿＿＿＿＿＿＿＿＿＿＿ 的人。

我的丈夫是 ＿＿＿＿＿＿＿＿＿＿＿＿＿＿ 的人。

我的丈夫是 ＿＿＿＿＿＿＿＿＿＿＿＿＿＿ 的人。

我希望我的丈夫是 ＿＿＿＿＿＿＿＿＿＿＿＿ 的人。

我希望我的丈夫是 ＿＿＿＿＿＿＿＿＿＿＿＿ 的人。

我希望我的丈夫是 ＿＿＿＿＿＿＿＿＿＿＿＿ 的人。

我希望我的丈夫是 ＿＿＿＿＿＿＿＿＿＿＿＿ 的人。

我希望我的丈夫是 ＿＿＿＿＿＿＿＿＿＿＿＿ 的人。

我希望我的丈夫是 ＿＿＿＿＿＿＿＿＿＿＿＿ 的人。

我希望我的丈夫是 ＿＿＿＿＿＿＿＿＿＿＿＿ 的人。

我希望我的丈夫是 ＿＿＿＿＿＿＿＿＿＿＿＿ 的人。

我希望我的丈夫是 ＿＿＿＿＿＿＿＿＿＿＿＿ 的人。

我希望我的丈夫是 ＿＿＿＿＿＿＿＿＿＿＿＿ 的人。

B

我的孩子希望我是 _____ 的人。

我的孩子希望我是 _____ 的人。

我的孩子希望我是 _____ 的人。

我的孩子希望我是 _____ 的人。

我的孩子希望我是 _____ 的人。

我的孩子希望我是 _____ 的人。

我的孩子希望我是 _____ 的人。

我的孩子希望我是 _____ 的人。

我的孩子希望我是 _____ 的人。

我的孩子希望我是 _____ 的人。

我是 _____ 的人。

我是 _____ 的人。

我是 _____ 的人。

我是 _____ 的人。

我是 _____ 的人。

我是 _____ 的人。

我是 _____ 的人。

我是 _____ 的人。

我是 _____ 的人。

我是 _____ 的人。

注意：上面的句式可以换成"我的孩子希望我能够多陪陪他，我因为经常出差加班不能陪伴孩子"。

我希望我的孩子是 _____ 的人。
我希望我的孩子是 _____ 的人。
我希望我的孩子是 _____ 的人。
我希望我的孩子是 _____ 的人。
我希望我的孩子是 _____ 的人。
我希望我的孩子是 _____ 的人。
我希望我的孩子是 _____ 的人。
我希望我的孩子是 _____ 的人。
我希望我的孩子是 _____ 的人。
我希望我的孩子是 _____ 的人。

我的孩子是 _____ 的人。
我的孩子是 _____ 的人。
我的孩子是 _____ 的人。
我的孩子是 _____ 的人。
我的孩子是 _____ 的人。
我的孩子是 _____ 的人。
我的孩子是 _____ 的人。
我的孩子是 _____ 的人。
我的孩子是 _____ 的人。

我的孩子是 ＿＿＿＿＿＿＿＿＿＿＿＿＿＿ 的人。

C

我的父亲希望我是 ＿＿＿＿＿＿＿＿＿＿＿＿＿＿ 的人。

我的父亲希望我是 ＿＿＿＿＿＿＿＿＿＿＿＿＿＿ 的人。

我的父亲希望我是 ＿＿＿＿＿＿＿＿＿＿＿＿＿＿ 的人。

我的父亲希望我是 ＿＿＿＿＿＿＿＿＿＿＿＿＿＿ 的人。

我的父亲希望我是 ＿＿＿＿＿＿＿＿＿＿＿＿＿＿ 的人。

我的父亲希望我是 ＿＿＿＿＿＿＿＿＿＿＿＿＿＿ 的人。

我的父亲希望我是 ＿＿＿＿＿＿＿＿＿＿＿＿＿＿ 的人。

我的父亲希望我是 ＿＿＿＿＿＿＿＿＿＿＿＿＿＿ 的人。

我的父亲希望我是 ＿＿＿＿＿＿＿＿＿＿＿＿＿＿ 的人。

我的父亲希望我是 ＿＿＿＿＿＿＿＿＿＿＿＿＿＿ 的人。

我是 ＿＿＿＿＿＿＿＿＿＿＿＿＿＿ 的人。

我是 ＿＿＿＿＿＿＿＿＿＿＿＿＿＿ 的人。

我是 ＿＿＿＿＿＿＿＿＿＿＿＿＿＿ 的人。

我是 ＿＿＿＿＿＿＿＿＿＿＿＿＿＿ 的人。

我是 ＿＿＿＿＿＿＿＿＿＿＿＿＿＿ 的人。

我是 ＿＿＿＿＿＿＿＿＿＿＿＿＿＿ 的人。

我是 ＿＿＿＿＿＿＿＿＿＿＿＿＿＿ 的人。

我是 ＿＿＿＿＿＿＿＿＿＿＿＿＿＿ 的人。

我是 ＿＿＿＿＿＿＿＿＿＿＿＿＿＿ 的人。

我是 _____ 的人。

我的母亲希望我是 _____ 的人。
我的母亲希望我是 _____ 的人。
我的母亲希望我是 _____ 的人。
我的母亲希望我是 _____ 的人。
我的母亲希望我是 _____ 的人。
我的母亲希望我是 _____ 的人。
我的母亲希望我是 _____ 的人。
我的母亲希望我是 _____ 的人。
我的母亲希望我是 _____ 的人。
我的母亲希望我是 _____ 的人。

我是 _____ 的人。
我是 _____ 的人。
我是 _____ 的人。
我是 _____ 的人。
我是 _____ 的人。
我是 _____ 的人。
我是 _____ 的人。
我是 _____ 的人。
我是 _____ 的人。
我是 _____ 的人。

注意：理想和现实相同的地方也可以写出来，比如我的父母亲希望我是一个有担当的人。我是一个有担当的人。

D

我的父亲是 _____ 的人。
我的父亲是 _____ 的人。
我的父亲是 _____ 的人。
我的父亲是 _____ 的人。
我的父亲是 _____ 的人。
我的父亲是 _____ 的人。
我的父亲是 _____ 的人。
我的父亲是 _____ 的人。
我的父亲是 _____ 的人。
我的父亲是 _____ 的人。

我希望我的父亲是 _____ 的人。
我希望我的父亲是 _____ 的人。
我希望我的父亲是 _____ 的人。
我希望我的父亲是 _____ 的人。
我希望我的父亲是 _____ 的人。
我希望我的父亲是 _____ 的人。
我希望我的父亲是 _____ 的人。

我希望我的父亲是 ＿＿＿＿＿＿＿＿＿＿＿＿ 的人。

我希望我的父亲是 ＿＿＿＿＿＿＿＿＿＿＿＿ 的人。

我希望我的父亲是 ＿＿＿＿＿＿＿＿＿＿＿＿ 的人。

我的母亲是 ＿＿＿＿＿＿＿＿＿＿＿＿ 的人。

我的母亲是 ＿＿＿＿＿＿＿＿＿＿＿＿ 的人。

我的母亲是 ＿＿＿＿＿＿＿＿＿＿＿＿ 的人。

我的母亲是 ＿＿＿＿＿＿＿＿＿＿＿＿ 的人。

我的母亲是 ＿＿＿＿＿＿＿＿＿＿＿＿ 的人。

我的母亲是 ＿＿＿＿＿＿＿＿＿＿＿＿ 的人。

我的母亲是 ＿＿＿＿＿＿＿＿＿＿＿＿ 的人。

我的母亲是 ＿＿＿＿＿＿＿＿＿＿＿＿ 的人。

我的母亲是 ＿＿＿＿＿＿＿＿＿＿＿＿ 的人。

我的母亲是 ＿＿＿＿＿＿＿＿＿＿＿＿ 的人。

我希望我的母亲是 ＿＿＿＿＿＿＿＿＿＿＿＿ 的人。

我希望我的母亲是 ＿＿＿＿＿＿＿＿＿＿＿＿ 的人。

我希望我的母亲是 ＿＿＿＿＿＿＿＿＿＿＿＿ 的人。

我希望我的母亲是 ＿＿＿＿＿＿＿＿＿＿＿＿ 的人。

我希望我的母亲是 ＿＿＿＿＿＿＿＿＿＿＿＿ 的人。

我希望我的母亲是 ＿＿＿＿＿＿＿＿＿＿＿＿ 的人。

我希望我的母亲是 ＿＿＿＿＿＿＿＿＿＿＿＿ 的人。

我希望我的母亲是 ＿＿＿＿＿＿＿＿＿＿＿＿ 的人。

我希望我的母亲是 _____ 的人。

我希望我的母亲是 _____ 的人。

（三）

1. 世界是 _____ 的。

2. 世界是 _____ 的。

3. 世界是 _____ 的。

4. 世界是 _____ 的。

5. 世界是 _____ 的。

6. 世界是 _____ 的。

7. 世界是 _____ 的。

8. 世界是 _____ 的。

9. 世界是 _____ 的。

10. 世界是 _____ 的。

1. 我希望世界是 _____ 的。

2. 我希望世界是 _____ 的。

3. 我希望世界是 _____ 的。

4. 我希望世界是 _____ 的。

5. 我希望世界是 _____ 的。

6. 我希望世界是 _____ 的。

7. 我希望世界是 _____ 的。

8. 我希望世界是 _____ 的。

9. 我希望世界是 _____ 的。

10. 我希望世界是 _____ 的。

以上句子中的"世界",也可以换成"家庭、公司、学校"等。

这些训练除了可以了解我们的心理世界外,其实还有一个非常重要的层面,就是告诉我们想要达到我们理想中的样子要朝哪个方向去努力。

比如:我是一个平庸的人,我希望我是一个不平庸的人。那么达到一些什么效果或者结果才能是一个不平庸的人呢?你需要列出一些衡量标准以及这些衡量标准如何分步骤达到,当这些标准全部达到的时候,你就成了你理想中的那个不平庸的人,其他方面都可以以此类推。

举例:要想做到不平庸,我认为三年内在县城买一套房就是一个不平庸的人,那么以我每个月3000元的工资,每个月开销1000元,一年可以攒2.4万元,三年就是7.2万元,如果买个两居室需要首付15万元,那么剩下的钱通过做一些兼职可不可以赚到?父母亲戚朋友可不可以给予支持?如果可以,那么这个目标就是可实现的,你就可以成为你理想中的自己。如果有困难,而且这个困难是难以克服的,那么我们就要调整自己的目标,比如三年后买辆十万元的车就是不平庸。

我们也可以设立几个目标同时进行,比如:三年内首付买房、三年内谈一个女朋友。然而谈女朋友需要开销,和攒钱买房是相互冲突的,怎样调和这个冲突?这就需要学习和实践。如果你的能力可以达到两者兼顾,这时鱼和熊掌就是可以兼得的。

目标从来都是灵活的、可变的,而不是死板的、僵化的甚至是不能落地、不可实现的。现在社会上有一个不好的风气，就是公司也好，个人也罢，都喜欢定一些夸大的甚至是虚无缥缈的目标，理由是：目标在山顶你可能走到山腰，目标在山腰你可能走到山脚，目标在山脚你可能连山都看不到。为什么明知达不到却还要去做这些不切实际的事呢？还有就是大家可能对"人的潜能是无限的"这句话有一些曲解，要知道潜能的开发是需要很多条件支持的，不是喊喊口号、打打鸡血就可以一蹴而就的。看到别的家长给孩子下次考试定了考 100 分的目标，你的孩子上次考试只有 60 分，如果你也给孩子下次考试定下考 100 分的目标就是夸大的、不可落地的。目标一定是根据自己的实际情况定的，所以定目标第一个要做的就是客观清醒地认识和看待自己。上次考了 60 分，下次我们定 65 分或者 70 分都是合理的、可实现的，而且还要有实际条件的支持：首先孩子要有提高成绩的意愿，其次要分析成绩不好的原因，才知道可以在哪些地方发力。如果孩子没有意愿，也许下次考试保持住 60 分就很不错了；如果导致孩子考分低的问题是马虎，那么就要在下次考试前把马虎这个毛病改掉，要知道马虎是一种习惯，一个习惯的改变不是那么容易的，需要家长的参与和不断修正，帮孩子养成认真的习惯。所以如果没有必要的条件支持，认真的习惯是很难养成的。

潜能每个人都有，但是要发掘潜能，则需要根据每个人的实际情况去评估，还需要必要的条件来支持。大家有没有想过，过高的、不切实际的目标实现不了，不但不能建立一个人的自信，由此带来的挫败感还会影响一个人原有的自信，甚至变得更加自卑。

（四）

谁最重要？把你认为生命中最重要的人（包括家人和自己）分别写在小纸片上，假设有一天这些纸片上的人只能剩下一个，那么你会选择让谁第一个离开（选好后要把写有那个人的纸片撕掉），接着是第二个、第三个……直到剩下最后一个人。

我在参与这个游戏的时候，一开始内心是很抗拒的。第一，我认为假设的问题没有答案，就像那个经典的假设：媳妇和妈同时掉河里了，你会先救谁一样。但是后来想了一下，如果你有两个小孩，这两个孩子在你心里的喜爱程度一定是会有些许差别的，即使你能做到行为上一视同仁，但内心的情感不会骗人，因为人的内心是主观的，主观就会带来差异和不同。第二，在一些极端条件下，比如地震、海啸等人力难以抗拒的自然灾害面前，可能就会遇到要在亲情、友情、爱情等面前做抉择的问题。回避这个游戏也有一部分原因是为了回避做选择时的内心痛苦，所以找个理由把不参与给合理化。

当然，游戏终归是游戏，不参与是个人的权利和自由。如果你参与了，从中能够对自己有多一些的了解，甚至还有一些启发和收获，那自然是最好的。

（五）

写信。在适当的环境和心境下给自己写三封信，一封信写给过去的自己，一封信写给现在的自己，一封信写给未来的自己。内容不限，格式不限，字数不限，写完后自己再看时，对自己也会有新的认识和思考。

（六）

喝点小酒。在婚恋关系中，有些人表达情感是比较含蓄的，甚至是不会表达，也有很多时候因为是一些隐私、隐秘的话题而羞于启齿，难以沟通。那么在这些情况下，需要倾诉和沟通的一方就可以选择在两个人独处时或适当的氛围中，告诉对方自己有一些心里话需要诉说，不过想喝点酒放松下。倾听的一方最好不要饮酒，保持清醒。如果两个人都饮了酒，双方情绪可能会有较大的波动，从而产生争执和争吵。

中国人有句俗话：酒后吐真言。适量的酒精可以放松紧绷的神经，让我们压抑的内心通过倾诉得到释放。如果这样的沟通和倾诉是成功的、有效的，那么就会增加你表达的欲望和自信，原来自己也可以把之前认为不能表达的部分表达出来，不能释放的情绪释放出来。这时我们就要做两件事：第一，建立自信，勇于表达；第二，每次表达前的饮酒量逐次降低，直到不用饮酒也可以正常表达。

有些人会反其道而行之，认为这次喝了一两酒效果不错，下次喝二两酒的效果会不会更好？要知道，人对酒精是有依赖性的，严重时还会导致上瘾。正确的方法是在喝了一两酒可以正常沟通表达后，我们要明白三件事：第一，我们具备表达的能力；第二，我们要总结倾诉沟通过程中哪些部分做得不错，哪些部分还需要加强和修正，在下次的沟通中，好的部分要坚持，不好的部分要调整，这是重点；第三，在第二次使用这种方法时，我们就只喝半两酒，如果害怕感觉不到位，我们就用最原始的方法把要说的话事先写下来，照着读总是可以做到的吧！我们要争取在第三次沟通时，即使酒杯里装的是白水，也可以达到前两次的效果。

中国智慧

题西林壁

［宋］苏轼

横看成岭侧成峰，远近高低各不同。

不识庐山真面目，只缘身在此山中。

这是宋代文学家苏东坡的一首名作，读起来通俗易懂，但是细细品味，里面却饱含了人生哲学和生活智慧。

横看成岭侧成峰。（角度）

远近高低各不同。（距离）

不识庐山真面目。（虚实）

只缘身在此山中。（抽离）

当你对一个人或者一件事，无法看得很清楚或无法搞明白的时候，就去读读这首诗，或许你对这个人或这件事就会有相对全面的认知，而且这首诗里面还蕴含了解决问题的方法。

我们一般人都拥有换个角度看问题的能力，就像我们伸出自己的手，看到的不是手心就是手背，我们看到的绝对不是手的全部，因为它还有另一面。事物总是具有两面性甚至多面性，当你能从多个角度看事物时，才能相对客观全面地还原事物的真相，否则就是片面的。

在家庭生活中，如果你能真正站到对方角度去看问题时，那么理解就会产生，矛盾就有了化解的可能，你的内心就会多了一分平静。

"近大远小"这是物质在视觉上因距离产生的差异，在生活中，距离不仅是空间上的，还有时间上的。当你的关注点紧盯着一件事时，这件事就是大事；当你把关注点背后的空间放大，你会发现这件事在这一年中甚至在你的人生中只是一件普通的必经的事，那么你就不会有那么大的压力和感到焦虑。这就是利用时空背景把事情从大变小。同样一件事，当下发生的和三年前发生的，你心里的感受肯定也是不一样的。你要知道时间上的距离会淡化很多东西，回头一看都是成长的必经之路，所以时间是一剂良药，很多当下焦头烂额的事，你要知道这些都是会过去的，你要勇敢地面对。如果逃避，它迟早还会找上门来，有些坎是必须要跨过去的，只是时间早晚的区别。在亲密关系中，两个人的距离过度亲近也会放大彼此的缺点，暂时分开几天就有了"小别胜新婚"的感觉，因为拉开的距离放大了我们思念彼此的情绪，而彼此的缺点会被强烈的思念所淹没。

这个世界什么是真，什么是假？世界是客观存在的，可是我们每个人大脑中的世界却是主观的。就像一棵客观存在的树，诗人看到这棵树后有感而发写了一首诗，画家路过这棵树时画了一幅画，木匠看到这棵树时首先想到的是可以做一套好家具。当然，这棵树也可以成为我们纳凉小憩的好地方。同样一棵树，除了它的客观存在，在我们每个人的大脑中又有了不同的想象和存在，从而对待它的看法和行为也就不同。所以你要知道自己眼中和别人眼中所看到的世界既有相同又有不同是正常的，不必去争论这棵树是一首诗还是一幅画，它就是一棵树，当然也是一首诗，也是一幅画。所以你只能定义你的世界，别人也只能定义他们自己的世界。有重合的地方那就相谈甚欢，有差别的时候就尊重彼此，世界正因为有了差异性才丰富多彩。

一位女士去做了整形，你说她的鼻子是假的，这样不好，还是纯天然的好。做了整形的人心里可不是这么想的，她一定是对自己原来的鼻子不满意，觉得不好看才去整形。整形让自己变漂亮了，她自己也知道从客观上说这个鼻子是假的，虽然是假的，但是符合她内心的审美要求，她觉得自己应该这么漂亮，也可以这么漂亮，否则也不会去这么做。那么，她主观上认为整形后这个漂亮的自己才是自己想要的，才是"真的"。你的"真"和她的"假"在某种层面上都是一种真。

所以换个角度看，她的需求是合理的，爱美之心人皆有之。当时她决定做这件事可能是个大的决定，可是放到她整个人生中，却只是一件很小的事情。时间久了，也许她自己都会忘记鼻子是假的，因为假的鼻子跟随她这么多年，早已成为身体的一部分，这时假的就成了真的。

有一句歌词：你的背包，背到现在还没烂，却成为我身体另一半。很多时候，身外之物也可以成为我们心理意义上的永久陪伴。

当我们身处一件事情之中时，往往会受这件事情的裹挟，甚至身在其中旋转不停，你很难离开这个思维的旋涡。

为什么看不到全局？那就是苏轼的这首诗最后一句写到的：只缘身在此山中。你要让这个身不在此山中，才能看到此山和此身。那么如何让这个身既能看到此山，又能看到此身呢？就要学会用抽离法。比如：你刚刚和爱人吵了一架，脑子里都是对方愤怒的面孔和激烈的言语，如果陷入这样的心境，是很难处理好两个人的关系的，那么你可以找个适当的时间让自己冷静下来，想象自己化身成一个无人机在全程拍摄你们两个人争吵的过程。当然无人机是抽离的你，拍摄到的画面中还有一个真实的你，这样你不但能看到真实的对方，也能看到真实的自己。夫妻之间的矛盾冲突如果能够真实还原，你会发现真是应了中国的那句老话：一个巴掌拍不响，结果一定是双方都有责任，我可以举很多现实中的例子。我希望大家都能学会并拥有抽离的能力，就像一个飞在空中的无人机真实还原事件中每个人的表现：既在此山中，又在此山外。

只有自己能够觉察到的领悟和成长才是真的成长，其他的一切人和事都代替不了你获得这一切，因为那是他们的，不是你的。

打个分数

在我们的生活中，经常会遇到不知道该怎么选择，左右为难的局面，当然你可以选择思考有没有第三条路可走甚至有更多的选择。这是很好的突破左右为难这个限制性局面的好方法，但是我这里要分享的是不管你有几种选择，最后你都要做决定选择一种的时候，犹豫不决怎么办？

打分是解决这种问题的一个非常好的方法。比如当你在纠结离婚还是不离、买房还是不买、辞职还是留任时，我们的大脑很难做决断，是因为我们的大脑这时是混沌的、不清晰的，我们要用一个清晰的结果来指引我们的行动，那就是给每种想法打个分。

我们拿离婚和不离来举例。如果非常想离婚是10分，那么你给自己打几分？如果死心塌地地过下去是10分，你给自己打几分？两个分数一对比便一目了然，我们也就知道接下来要怎么做了。

我们之所以还有那么多的纠结，有可能是我们想要 A 的同时还不想失去 B，甚至还想得到 C，也许还顾及 D，等等。这就是我们人的心理活动的复杂性。不管有多少选择和顾及，我们都可以一一罗列出来，并对其打分，最后再看综合的分数，结果也会一目了然。这就是最简单地分析利弊，权衡利弊。

打分是一个非常简单，也非常实用的方法，我们在过于感性或者大脑模糊时，用分数给自己一个相对客观和直观的结果，往往有助于我们快速走出混沌纠结的状态。

前提假设

NLP 是一门非常简单实用的学问，于 20 世纪 90 年代传进中国，它先在台湾和香港地区传播，随后进入内地，经过几十年的发展，已经有很多人通过学习这门学问受益。

我接触过近千名的 NLP 学员，还没有遇到过学员对这门学问有负面反馈的，他们基本上是给予肯定和认可的。如果你在生活中遇到了一些困扰或者思维上有些固化，那么去学习 NLP 的相关课程是个不错的选择。

12 条前提假设是 NLP 里面的 12 句话。这些前提假设被形容为人生的过滤器，当你在生活和工作中遇到一些烦恼和痛苦时，不妨用这个过滤器过滤一下，也许你会有不一样的收获，会打开一个新的局面。有时候改变其实没有那么难，学问也不是那么的高深莫测。

因为这 12 句话是建立在假设成立的前提下，所以先不用纠结它们的对错，NLP 讲究的是使用后的效果，如果效果是好的、是对你有用的，我们何不拿来为自己所用呢？

这 12 条前提假设是：

1. 没有两个人是一样的；

2. 一个人不能控制另外一个人；

3. 有效果比有道理更重要；

4. 只有感官经验塑造出来的世界，没有绝对的真实世界；

5. 沟通的意义取决于对方的回应；

6. 重复旧的做法只会得到旧的结果；

7. 凡事必有至少三个解决方法；

8. 每一个人都选择给自己最佳利益的行为；

9. 每个人都已经具备使自己成功快乐的资源；

10. 在任何一个系统里，灵活的部分便是最能影响大局的部分；

11. 没有挫败，只有回应信息；

12. 动机和情绪总不会错，只是行为没有效果而已。

我是 NLP 12 条前提假设的受益者，当我在人生的低谷期经历挫折无法走出时，我当时的领导和我分享了这 12 句话，我把当时所经历的事用这 12 句话过滤了一遍，发现内心的很多纠结都打开了，困扰我几年的痛苦仿佛一下都消失了，当时真的是体会到了醍醐灌顶是一种什么样的感觉。非常感谢生命中能够分享知识给我的贵人，也非常感谢这些好学问带给每一个人的改变。学问的最终目的是要为更多的人服务，让更多人的生活变得更好，所以希望我的分享能够给有需要的人带来帮助。

关于这12句话的解释，网络上有很多，当然你也可以有你自己的理解，只要是对你有帮助的诠释，就是有用的、"正确"的解释。

静观觉察

（一）静（腹式呼吸法）

1. 选择安静的空间，调整到你最舒服的状态（站、躺、坐、卧都可以）。

2. 用鼻子吸气，用嘴巴吐气。

3. 吸气时空气要进入腹部（平时我们呼吸时空气都在胸腔），感觉腹部微微隆起。

4. 吸气时焦点放在头部，呼气时放松你的头部；吸气时焦点放在你的双肩，呼气时放松你的双肩；以此类推，从头到脚直到全身放松。

5. 在完全放松的状态下，身体有些部位会出现酸、麻、肿、胀，甚至打嗝、放屁，这些都是正常的。

（二）观（向内看）

当你静下来时，就可以与你的内在联结，感受你的身体、情绪、念头。无论出现什么，你都要接纳，静静地看着它就好。

（三）觉（醒）

如果有你无法理解的人和事，当你在这种状态下重新复盘时，把焦点放在你的当下，也许会有很多潜意识的东西出现，比如你小时候发生的一些事，也有和现在相同的感受，你就知道情绪的根源在哪里。

对当下的人和事你就会多了一些理解，因为当下引起你情绪的人和事只是一个情绪触发按钮，真正的情绪源头是你潜意识里深埋已久的没有处理好的事件。从这一份理解开始，我们要看着过去的那个无助的甚至愤怒的自己，张开双臂去拥抱他，对他说一些你想说的话，告诉他：你现在长大了，可以去处理好这些事情，你再也不是那个无助的愤怒的小孩，你是一个有力量的、有能力的、有智慧的成年人，你可以做到你想要做的事。

这样多做几次，你和你内心的那份情绪就会开始和解。

（四）察（看见）

一直以来我们都非常相信我们头脑的判断或者是当下的看见，其实我们的头脑也是可以"骗人"的，又或者我们把它叫作"思维陷阱"。

比如：我每天步行20公里需要4到5个小时，连续3天已经达到我体能的极限，这时就需要休息几天。但是在朋友圈，我看到有个人可以连续很长时间每天有3万多步的运动量，算下来就是约30公里，而且这个人已经50多岁了，还是在正常上班工作的，我就由己及人地想到他是不可能做到的，直到有一天好奇心驱使我和他通了一个电话才知道真相。他每天5点起床，围着自己家门口的公园跑十几圈，每圈有1.2公里，这样利用1到2个小时的时间就可以完成15到20公里的运动，晚上他还会慢跑5到6公里，而且他每天上下班都是步行，这样下来，每天30公里的运动已经成为习惯，他说很多跑马拉松的人也在这个公园锻炼，经常每天会跑到50公里左右，他也吃惊人家的肺活量怎么那么好，可以做到他做不到的。所以很多事情是超出我们已有的认知范围的,"由己及人"这个思维模式有时是可以"骗人"的,我们做不到的有时就会推断别人也做不到。

有一部纪录片叫作《短路的大脑》,推荐大家去看看。我们每天都在使用自己的头脑却对它了解很少,这部纪录片可以帮我们了解大脑的很多奇妙之处。

神奇魔镜

魔镜、魔镜我问你:谁是这个世界上最美丽的人?我想在问之前你内心想要的答案一定是自己。可魔镜的答案有可能是让你先洗洗睡吧!

每个人的心里总有一个完美的、理想化的自己,就像现在的修图软件可以把每个人都修饰成美女帅哥一样,那就是内心期待在现实生活中最有力的证明,谁不想要成为更好的自己呢?

可是现实就是如此,不管内心如何期待,科技可以帮我们如何修饰,人总归还是要回到现实。一个人能够客观地看待并做自己,同时客观地看待他人并允许他人做真实的自己,在现实生活中并不是一件容易的事。我们始终都在期待拥有一个魔镜,我们很多时候也会成为他人的魔镜。

在婚恋关系中,在情感的纠葛中,我们才会发现我们所不认识的自己,那些都是真实的,走出理想化、走出魔镜的自己,我们只有在生活中,在爱恨情仇中,才能不断地看见早就存在但是从未显现的自己。

这些"新"的自己也许是令我们满意的,也有很多地方是令我们不满的，甚至是痛恨的，我们所能做的就是去面对和改变这些不足甚至是缺陷。

有色眼镜

天空是蓝色的，天空是红色的，天空是黑色的，天空是……

当我们戴了各种不同颜色的眼镜看天空时，天空就呈现出不同的颜色，在现实生活中也是如此。事物本来的面目因我们每个人主观思想的不同而变成不同的样子，因此很多时候，大家因为这些主观看法的不同而辩论争执甚至大打出手，事实却是：本来无一物，何处惹尘埃。

每个人都应该拥有客观看待自己、他人和世界的能力，要想拥有这样的能力，首先就要知道哪些是客观的，哪些是主观的。

孩子做错事是客观事实，我们想要帮助孩子是主观意愿，我们既要承认和面对孩子做错事这个客观事实，也要承认有不忍心批评孩子的主观意愿，但是为了孩子今后不再犯同样的错误，我们针对客观事实要批评教育，主观上还要知道这都是为了孩子的健康成长。

我们能区分主客观之后，还要做到客观事实客观对待、主观意愿主动识别。孩子犯错是客观事实，不管主观上如何不相信，还是要尊重事实。主观上我们想要孩子不再犯错，可那只是一厢情愿，成长的路上没有一帆风顺。你必须要做到接纳他再次犯错的可能，如果不能，那么痛苦的会是你自己，这就是要摘掉自己的有色眼镜，也要帮孩子摘掉有色眼镜，孩子是不完美的，孩子眼里的家长同样是不完美的，这才是客观的、现实的存在。

戴有色眼镜有时候是因为我们内心的情感因素，比如情人眼里出西施，在外人看来一个普通的女人，为什么在你的眼里却是那么与众不同，那么痴迷深爱，这就是内心的情感、情结在起作用。

认知水平也会影响我们能否客观看待事物。你如果没有见过飞机，就不会相信一堆钢铁可以飞上天空；你没有过一见钟情，也就不会相信刹那间生发的爱情；你从小在父母经常争吵的环境中长大，可能便不会相信世上有和谐的婚姻……

很多时候我们不能拥有一颗平静的心，内心总是充满压力、焦虑甚至是愤怒，那么我们的内心看待这个世界时也是"有色"的。平静时别人多看你两眼，你可能会觉得是自己今天的打扮比较出彩；愤怒时别人多看你两眼，你会觉得那是一种挑衅！

* 两性关系提升

尊重坦诚

人和人之间的相处我觉得第一个要做到的就是尊重,夫妻之间尤其如此。

什么是尊重?第一就是要把对方当成和你一样的人;第二是要正确客观地看待对方,既不夸大,也不轻视;第三就是要时刻保持一颗平等之心。

坦诚相待就是彼此尊重的重要表现,反过来,如果内心失去尊重,想要做到坦诚相待就很难。

在婚恋中,当一方在事业上有了起色、财富有了积累、社会地位得到提升时,就很容易产生骄傲自满甚至自大的心态,这时有可能就会觉得自己和之前不一样了,伴侣的档次低了,对方格局小、眼界窄,甚至觉得对方不可理喻。

大家都期待自己的伴侣有所成就,但是对方成功后又有可能弃你而去。其实伴侣关系的核心还是要和内心的那个自己搞好关系,自我成长不仅仅是能力的成长,更重要的是心灵的成长。这个成长首先就是要对自己客观地了解和评价，建立健康的三观，提升自己的认知，把控自己的情绪，灵活地看待自己的内心变化和接纳变化的自己、他人，还有世界等。个人成长是个全面的复杂的系统工程，需要时间和经历，如果内心有很多重要的情绪没有疗愈，如原生家庭、重大创伤等，那么还需要专业的治疗。

成长是一生的，因为变化是一生的，怎样应对变化是我们始终都要研究和面对的问题，这也许就是生命的意义之一。

肯定赞美

（一）我们这一代有很多人在自己的原生家庭成长过程中很少得到肯定，普遍缺乏自信。他们在组建新的家庭后，这份内心被肯定的需求就会转移到爱人的身上。如果爱人能够满足他的需求，那么他是幸运的；如果他的爱人和他一样在成长过程中也是缺少被肯定的，那么他们就像两个嗷嗷待哺的婴儿，自己无法制造食物，却又都想从对方身上得到，结果可想而知。

（二）每个人都需要他人的肯定和赞美，尤其是在家人之间，正是因为这种比其他人更重要的人际关系，家人的肯定和赞美才尤为重要。

对丈夫要多加肯定，对妻子要多加赞美，对孩子既要肯定又要赞美，如果你不会，那么就从今天开始学习。

（三）从生命动力的角度来看，只有一个认为自己是正确的生命才能活下去，只有一个认为自己是优秀的生命才能充满自信地活出人生的精彩。

肯定就是认可对方是对的、正确的，赞美就是承认对方很优秀、很独特，这样对方才能拥有更多的自信！

（四）第一步，写出自己、爱人、孩子和父母身上值得肯定和赞美的 10 个优点。第二步，再写出自己、爱人、孩子和父母身上值得肯定和赞美的 20 个、30 个甚至 100 个优点（从内到外、从心理到行为，哪怕是脸上的一颗痣长得好看都是优点，都值得肯定和赞美）。第三步，把你在写的过程中认为自己、爱人、孩子和父母身上不是优点，不值得肯定和赞美的地方甚至是缺点的地方，换个角度思考是不是可以转化成优点（孩子吃饭慢是缺点，但是从细嚼慢咽对消化好这个角度思考是不是就是优点，等等）。

用心聆听

（一）每个人都有表达倾诉的需求，这是本能。尤其在爱人面前有很多只属于两个人之间的话题，如果有一方长时间没有倾听，那么势必另一方表达和倾诉的需求就会被压抑。如果是长期压抑，就会出现两种结果：一种是彻底关上心门，不与对方沟通，那么婚姻关系出现危机是必然的；另一种是去向夫妻之外的第三方倾诉，如果这个第三方是异性朋友，长此以往就存在出轨的风险。所以满足爱人表达和倾诉的需求是多么的重要。

我在和你讲话，你却在玩手机；你在向我倾诉，我却心不在焉。如果倾听的对象只是一个躯壳没有了心,那么倾诉还有什么意义?

(二)如果你和伴侣不在一个频道上,即使用心了,结果也可能是"鸡同鸭讲",所以不但要用心,还要心智水平在同一个层级。

责任义务

一个人选择进入婚姻组建家庭,就意味着这个人拥有了新的人生角色:丈夫、妻子、媳妇、女婿、父亲、母亲……

这些角色对于我们每个人来说都是陌生的,是需要学习和适应的,而且每一个身份角色的背后都有其需要承担的责任,这些责任都是我们应尽的义务!

责任由两个部分组成:一个是责任心,另一个是承担责任的行为能力。责任心是从小培养起来的一种心理习惯,就像完成不了作业不能出去玩一样,这是在成长过程中培养出来的。

一对恋人在没有做好结婚准备的前提下怀孕了,我们至少可以判断他们是把侥幸心理、享乐主义和及时满足这三个心理需求排在了责任心之前,两个有责任心的人是不会在安全措施不到位的前提下发生关系的。所以你的身份角色就代表了你要承担的责任,这些责任是有相对应的行为规则的。

一个人承担责任的行为能力是什么?就是在怀孕后,用什么样的方法去承担这个结果,有的人既没有心,也没有能力,不但不会帮女方处理,还会消失得无影无踪,这样的案例在现代社会比较少,在过去经济不发达的时代是时常发生的。另外一些人是有心没能力，还有一些人是有能力没有心，也有一些人会选择走进婚姻，这就是我们常说的奉子成婚，但是这样没有准备好的婚姻是存在一定的可以预料的风险的！

理解包容

怎样才能包容一个人？首先你要理解这个人。怎样才能理解一个人？首先你要了解这个人。

了解一个人不是一个简单短暂的过程，因为人性是复杂的，了解一个人所要花费的时间也许是一生。

广东人有句俗语：食得咸鱼抵得渴。包容除了以理解作为前提之外，还要有思维上的转变。你选择了一个事业型的伴侣，就要想到对方不会有太多时间照顾家庭；一个把重心放在家庭上的伴侣，也意味着对方在事业上不会有太大的成就。所以当你享受到阳光的温暖时，也要接受紫外线的辐射。包容就是既要接受对方的好，也要接纳对方背后所隐藏的不好，因为这个世间的万事万物都是双面甚至是多面的，明白了这些，你的内心也许会坦然一些。

沟通技巧

沟通不是自说自话，更不是发泄情绪。沟通一定是在两个或两个以上的人之间发生的,是以结果为导向的,沟通是过程,技巧方法是辅助,真实坦诚是基础。

（一）不在有情绪的时候沟通,因为你的情绪很有可能会引起对方的情绪,沟通最后很可能会变成争吵。

（二）睡前和爱人躺在床上的时候是一个很好的沟通时间。

（三）沟通前要预设好对方会有怎样的回应,甚至做好对方反对时自己也能接受或者暂时接受的准备。

（四）有些话题也许会让你感到羞耻甚至是难以启齿,你要克服这种心理,勇敢坦诚地讲出来,因为真实是有力量的。

（五）想要达到沟通的效果,首先要顾及对方的感受和利益,目标是双赢而不是单单为了自己。

（六）柔和的语气和征求意见式的交谈比讲道理、通知式的谈话效果更好。

（七）一切沟通都是以整个家庭的利益为前提,然后再考虑个人利益,这样的方式更容易赢得对方的认同。

（八）在沟通中发生冲突无法解决时,可以先搁置争议,持保留意见,等下次有合适的机会时再谈,而不是在争执中必须得出一个你想要的结果。关系比结果更重要,结果是一时的,关系是一世的。

（九）在夫妻各自擅长的领域要尊重擅长者的判断和决策,而不是为了照顾自己的面子和情绪事事都要做主。

沟通个案

丈夫：我那条黑色运动裤放哪里了？

妻子：洗了。

丈夫：你不知道我今天要穿吗？

妻子：你不说我怎么知道？

丈夫：我怎么没说，昨天我明明说了的，你这个人总是听不到别人在说什么！

妻子：是我听不到还是你没说，再说我洗衣服有错吗？有本事以后你自己洗衣服，我还落得清闲。

丈夫：都是我的错好吧！你什么问题都没有，以后家务活都由我来做，你什么也不需要做，你就坐着好吧，也不知道要你有啥用？！

妻子：哦！我没用，是我没用，那你找个有用的回来啊！我还不想伺候了……

丈夫：不可理喻……（摔门而去）

我们分析下这段夫妻间的对话，看看我们是不是在日常生活中也会遇到类似的问题，又应该如何去避免和化解？

第一，如果丈夫有每天晚上准备好第二天想要穿的衣服的习惯，就不会发生要出门时找不到自己想要穿的衣服这种事情。培养良好的习惯是解决类似事情的方法之一。

第二，丈夫有"托付心态"，认为这些事情都是妻子做的，妻子既然做了就应该做好，如果做不好就会引起自己的情绪。我们要调整一个思维模式，即使伴侣主要负责做某些事情，但是关系到自己的，应该自己负责，而不是把责任推到对方身上。就像我们在工作中会分配任务给别人，我们不能只等着拿结果，而忽略了过程中的检视以及发现问题要及时纠正的重要性。

第三，如果妻子听到了丈夫说第二天要穿运动裤却故意洗了，那么这个事情的背后就有别的隐情，很可能是压抑了别的情绪，想通过这件事来进行"报复"。这时丈夫就要觉察事件背后的根源在哪里。

第四，也有可能是丈夫没有说第二天要穿运动裤这句话，却以为自己说了（有时我们想表达自己的想法却没有表达出来，但是会误以为我们表达过了），这种可能性也是存在的。也有可能是丈夫确实说了但妻子确实没有听到，丈夫却误以为妻子听到了。

第五，当丈夫说"你不知道我今天要穿吗"这句话时，从中可以感受到是有情绪在的，甚至有一些质问对方的意味。妻子面对"质问"也不甘示弱地进行了回应，这个回应的潜台词就是：不是我的问题，是你的问题。这个回答是人的自我保护，因为谁也不想被否定，这是人正常的自我防御心理。

那么怎样才能化解这个问题？我们大部分人遇到问题时的思维模式是"这是谁的问题，然后才是怎么解决问题"，所以我们应该慢慢培养一个以解决问题为第一要务，然后才思考是谁的问题的思维模式。讨论具体是谁的问题是为了今后不再发生同样的问题或者发生了也会有恰当的方式来解决。

丈夫：我那条黑色运动裤放哪里了？

妻子：洗了。

丈夫：亲爱的，我今天要穿，你能不能帮我想一下有什么办法可以让我穿上这条裤子？

这样的提问就是以先解决问题为导向的，而且是不带情绪的，因为解决问题是积极的心态，追究责任多少都会有情绪的存在。

第六，当丈夫说"我怎么没说，昨天我明明说了的，你这个人总是听不到别人在说什么"时，不但带了情绪，而且这句话的潜台词是"我做得没问题，是你没有听到或者没有用心听我讲话"，更重要的是，丈夫的这句话出现了一个我们在沟通中经常遇到的问题，就是夸大其词和因为事否定人。

"你这个人总是听不到别人在说什么！"这句话说明夫妻在之前的沟通中出现过类似的事情，要不然丈夫也不会说"总是"。

那么问题来了，我们怎么定义"总是"？你们公司总是加班，天天加班是"总是"，一周两三天加班是"总是"，一年有几次加班也可以叫作"总是"，所以"总是"的定义标准在每个人的心里是不同的。

很有可能是妻子之前有意也好，无意也罢，没听到过丈夫的讲话，关键是听到也好，没听到也好，结果一定是让丈夫不满意的，这种不满意累积起来就有了情绪上的爆发，就有了"总是"。如果妻子每天都听不到丈夫在讲什么，我想这个婚姻中的问题已经很大了。上述案例中，这种情况应该只有几次，但是丈夫为了抒发自己的情绪夸大了这个事实，以引起妻子的注意。

"你这个人总是……"但凡在沟通中因为某件事而上升到这个人，就是离开了事情本身，而去定性这个人或者是给这个人贴标签。没有哪个人喜欢被人否定，尤其是否定这个人本身，这就是为什么很多人在谈事情之前会先铺垫一句：我这是对事不对人。因为我们的思维习惯是：在你和我谈论这件事的时候，我本能地会担心你会否定我这个人或者针对我这个人，更不用说你直接说出来"你这个人怎样怎样"，这样就把担心变成了现实，这自然会引起对方的防御和反驳。

所以谈论事情的时候最好不要上升到人，这对沟通、对解决事情本身是没有帮助，反而增加了阻力的。

第七，当妻子说"是我听不到还是你没说，再说我洗衣服有错吗？有本事以后你自己洗衣服，我还落得清闲"时，妻子首先是要澄清不是她的错，丈夫怪错了人。带着情绪的沟通更加偏离了要解决问题的方向，直接就要撂挑子不干了，当然这个很明显是气话。

第八，丈夫说："都是我的错好吧！你什么问题都没有，以后家务活都由我来做，你什么也不需要做，你就坐着好吧，也不知道要你有啥用？！"这时双方都已经陷入了争论对错的泥潭中无法自拔。当看到沟通已经成为没有结果的无效沟通后，丈夫首先以退为进，把错都揽在自己身上，可是已经于事无补。当然，丈夫的心里自然不会真的认为是自己的错，对于妻子的撂挑子摆出了爱咋咋地的姿态。但是最后一句话却把本身就是一条裤子的小事情上升到了对妻子这个身份角色的攻击，"也不知道要你有啥用"，这虽然是句气话，但是杀伤力很大，直接否定了妻子存在的意义和价值。

第九，妻子说："哦！我没用，是我没用，那你找个有用的回来啊！我还不想伺候了……"丈夫对妻子的身份价值提出了疑问，妻子当然会以彼之道还施彼身，就要从婚姻里直接退出，让丈夫重新去找个合适的。

事情到此，问题就变得严重化了，妻子话里的潜台词就是不过了，暗示要离婚。

第十，丈夫说："不可理喻……（摔门而去）"。这个丈夫还是比较聪明的，看到事情到了这个地步，再往下争论妻子就不是暗示要离婚了，如果直接说出来那就不好收场了，所以只有先行离开"战场"，让彼此都冷静下来再说。

第十一，其实在日常生活中，夫妻之间不乏这样的争吵，本来是一件小事，经过几轮语言上的你来我往，就上升到了离婚的层面。

总结下这个案例，里面有几个关键的点：1.自己的事情自己负责，出了问题首先做自我检查和自我批评。2.沟通过程中，以解决问题为导向，而不是以具体是谁的问题为导向。3.谈具体事情时不要上升到人的层面，更不能进行人身攻击。4.有情绪是正常的，但是情绪不能累积，要把情绪在最小化的时候解决掉，而不是到"忍无可忍"时才集中爆发。5.在发现沟通向无效沟通的方向发展时，要及时停止，先让双方从情绪中走出来，冷静下来。6.沟通中不能把方向发展到要提出"过不下去，甚至要提出离婚"这样的境地，一旦发觉，要及时转换沟通方式或者停止沟通。

沟通 73855

有心理学家对沟通经过研究得出结论：语言文字在沟通中占的比例是 7%，语气语调占的比例是 38%，肢体语言占的比例是 55%。这个结果也许会让我们每天研究语言文字的人大吃一惊，但是如果你能仔细分析，再联系过往生活中的经验，就会发现真的是这么回事。

比如有人对你说我爱你。

如果是通过社交软件发了这三个字给你，你无法判断它的真实性或者对这三个字的感受是有限的，甚至有人说不见到真人你都不知道和你聊天的是不是个人。

如果一个人面对面对你说我爱你，那么你是能够通过对方的语音语调感受到这句话是真实的还是虚假的。一句深情的"我爱你"和漫不经心甚至还带有抗拒的"我爱你"太容易通过语音语调判断出来了。就像很多时候虽然和对方语言不通，但是你能通过语音语调判断对方是开心还是悲伤，尽管他说的话你一句都没有听懂。

一个人对你真心说出"我爱你"时，不仅语音语调是柔和的、真诚的，他的肢体语言也是同步的，比如深情的眼神、想要靠近你的身体、张开的双臂，甚至会有自然的引力在拉近你们两个人之间的距离。如果对方在抱着你时嘴里虽然说着"我爱你"，但是身体却很诚实地想推开你，这个肢体语言是再真实不过的了，我们的身体很诚实，是不会骗人的。

有句诗说"此时无声胜有声"，当两个久未谋面的情人见面时，他们也许什么都没有说，但是通过双方深情的对视，似乎什么都已经说了。

语言文字是沟通的一个工具，它帮助我们更好地传递信息，同时也会被心术不正的人利用起来做坏事。一个人的肢体语言和说话时的语音语调不仅能够帮助我们表达沟通，而且还可以帮助我们判断对方语言文字的真实性。

身份角色

我们每个人在这个世界上都有很多角色，比如：儿子、女儿、丈夫、妻子、父亲、母亲、管理人员、科研人员、公司职员、辅导员、学生、等等，这些角色加起来就是一个人的身份。

身份是一个人心理活动的最核心部分，关乎"我是谁"和"我的人生是怎样的"。这个人做或者不做些什么，有什么计划，内心在隐藏或者在逃避些什么，全部都是为了满足这个人的身份需要。

第一，你是否认同自己的身份角色，是否思考过每一个角色的意义。

第二，对于每一个角色，你对自己的满意度是怎样的，怎么才能把不太满意的角色做到满意。

第三，你对于每个角色之间的转换能力、灵活度是否做到位了。

一个恐婚的人也许是不愿面对妻子或者是丈夫这个角色的，丁克夫妻也许是不敢或者不能承担做父母的角色的，分手的夫妻也许是对彼此的伴侣角色不满意的……

"人生如戏，要靠演技。"我们是否能够正确地看待每一个角色，并认同其存在的价值和意义，是人活得是否通透的基础。怎样做好每一个角色是有规则和标准的，是有模范榜样可供我们学习的。你从员工晋升成为领导，首先要认同这个新的角色，如果内心不认同，可能会成为你适应这个新角色的阻力。在适应新角色的过程中就要有新的语言模式和行为模式，如果在这个角色转换的过程中无法提升这些能力，你很可能会做不好这个角色。在单位你是领导的角色，回到家里你就要转换角色，有些人入"戏"太深，不能转换角色，以为回到家里也可以像在公司管理下属一样管理自己的家人，结果可想而知。什么角色承担什么角色所赋予的使命，环境变了就要转换到这个环境中来。简单总结就是三句话：自我角色认同、角色能力展现、角色灵活转换。

男女不同

男人要想追求女人,首先要了解女人的心理和男人是有很大不同的,其次还要了解你所追求的这位女士独特的地方。男人和女人在婚恋中有哪些不一样的地方?

第一,很多男士有了心仪的女孩就会开始紧追不放,我们要知道一个人表达情感有很多种方法,但是所有的方法都要建立在让女性感觉到安全的基础上才是有效的,否则只会让女性感到害怕和恐惧,结果可能就是对你的紧追不放快速拒绝和逃离。

因为女性天生就缺少安全感(相比于男性),所以当你油嘴滑舌时,女性有可能认为你是一个不专一、滥情的人;当你穷追猛攻时,女性有可能认为你是一个充满危险的人;当你关系不到位就急着"动手动脚"时,女性有可能认为你是一个图谋不轨的人。

所以我们在追求女孩子时,首先要让对方觉得你是安全的,如果对方稍有嫌弃,你就要赶快觉察自己是不是有哪些言语或者行为让人家感到不安全了,也可以主动问对方是不是自己哪里做得不对,如果对方的回答和自己想的一致,那么就要及时调整。

第二,男人偏理性,女人偏感性,男人偏单一思维,女人偏多重思维。男人注重逻辑,女人注重感受,所以不要和女人讲道理,要多注重女人的情绪感受。你道理讲得再对,逻辑再严密,都不如一句"我爱你"和一个拥抱来得有效。

第三,恋爱中,男性往往是"进攻"的一方,女性是"防御"的一方。身为男性,不要总梦想着坐在家里就有美女过来敲你的门,你要主动去接触女性，才能找到你的终身伴侣。男人在找伴侣这件事情上，也要发扬我们中华民族勤奋的优良传统，不要天天宅在家里打游戏，懒惰是阻碍你走进婚恋的第一道障碍！

女人要想找到自己心仪的伴侣，首先要做好自己，"你若盛开，蝴蝶自来"。

第一，女人都比较感性，普遍缺乏安全感，在婚恋中很容易掉入"理想化的陷阱"。当一个普通女孩突然遇到一个"高富帅"，不仅对自己甜言蜜语，还有无微不至的关怀，女孩这时就要多问自己几个"为什么"。如果自己无法判断，就要去征求家人和朋友的意见，千万不要被对方的"迷魂大法"搞得神魂颠倒，到最后发现被欺骗时为时晚矣！

如果是正常匹配的伴侣，在一起时我们会发现自己的另一半不是只会甜言蜜语就是只会默默做事，不是专心照顾家庭就是事业忙碌顾不上家，这个世界上智慧与力量并存的人还真是不多，所以我们要防止自己掉入"理想化的陷阱"。想想你当初看上这个男人时主要是看中对方的什么？想想你内心真实想要的是什么？想想这个男人身上当初让你刮目相看的那些品质今天是否还在？想想现在是不是正在陷入一个"不满足，想要伴侣更好，甚至经常把伴侣和别人家的男人比较"的思维模式当中？各位女性同胞，不要过度迷恋于对老公的掌控，不要过度迷恋于想要塑造一个完美的、理想的伴侣，不要过度贪心，不满足。

在现实生活中有很多真实的案例：女人当初看上了男人顾家的特质，婚后多年这个男人依旧顾家，但是女人的心变了，觉得顾家的男人不上进，希望他事业有成。或者是女人当初看上了事业有成的男人，婚后发现男人一心扑在工作上，对女方、对家人的陪伴是缺失的，这个男人并没有变，但是女人的心变了，希望他能多照顾家庭，于是对他不断地提要求，但是他做不到，不是不想，而是他是一个"事业型"的男人，不是一个"家庭型"的。还有的女人当初被男人的甜言蜜语哄得飘飘欲仙，男人满足了女人内心对浪漫、对童话世界、对公主的期待，婚后多年女人发现这个男人的天赋不仅仅是对她一个人展示，在别的女人面前也是侃侃而谈，充满吸引力，女人的内心想独占这份待遇，但是却发现男人做不到。一个什么样的男人才可以做到对爱人甜言蜜语、无微不至，对其他的女人冷若冰霜、置若罔闻呢？开玩笑讲，如果他能做到"人格分裂"，也许就会满足这个要求。

也许有人会说，对男人提要求不对吗？对自己的伴侣有期待是正常的，但是你的期待要切合实际，是可实现的，如果对方做不到，你却还继续加码，很大可能会物极必反。现代社会每个人的心理压力都比较大，如果自己的爱人不具备帮助自己缓解压力的能力，反而还给自己增加了更多的压力，结果可想而知，不是受不了就是阳奉阴违，更严重点可能就是离你而去……

第二，摆脱四种贴在女人身上的标签：弱、笨、傻、疯。

经济上无法独立，内心也无法自立，心理也不够坚强，这样的女人具体表现就是逆来顺受、唯唯诺诺，简单总结就是一个字：弱。弱女人怎样才能强大起来？那就要内心成长、经济独立，这样由内而外就不会依附于他人，更多的人生选择权才能掌握在自己的手上。很多在婚恋中受了"欺负"不敢发声，明明生活已经过不下去却因为自己的"弱"不敢、不能分开，忍气吞声的都是这样的"弱女子"。

遇到认知不够甚至有偏差，做事固守自己的"陈旧"思想的人，我们就会觉得这个人有点"笨"。解决笨的方法很简单，就是勤奋学习、开阔眼界、提升认知、改变自己的思维模式。

傻的反义词是聪明，当然，如果你是"装傻"，那就是另外一种聪明。在婚恋中不知道怎么维护自己的家庭是"笨"，知道但是不去维护是"傻"；不知道怎么和爱人相处是"笨"，知道却不去做是"傻"。鼓励、赞美、认可自己的男人是"聪明"，打压、否定、指责自己的男人是"傻"。

"疯"是一种防御，是为了逃避一些不必要的伤害而戴上的一种自知的"面具"。如果你"疯"而不自知，那估计就是"真疯"，那就需要适当的心理治疗了。一个对任何人都是不停倾诉的女人，甚至很多时候还嬉笑怒骂、疯言疯语，她讲话的时候别人都插不上嘴，这样的女人大概率是在隐藏、逃避和防御内心的痛苦和冲突，因为只要一停下来，她就要面对自己的问题，所以只有不停地讲，才能让她不去想、不去面对真实的内心。

第三，在任何环境下，无论什么原因没有做好要孩子的准备时，一定一定要做好安全措施。一旦怀孕，如果打胎，轻则伤害女性的身体和心理，重则可能不能再生育，从而留下终生遗憾。如果奉子成婚，就会有离婚的隐患。如果自己坚持生下来做一个单亲妈妈，孩子的成长过程缺少父亲的陪伴，大概率会造成一些心理问题，也将是孩子终生的心理缺憾。相比于女人，男人可以一走了之，不负责任。大多数女人要独自承担抚养子女的艰辛，这是在婚恋中，男女大不相同中很重要的一个方面。

第四，摆脱四种贴在男人身上的标签：大、直、短、粗。

大即大男子主义，这很好理解。现代社会这种人应该是越来越少，但也是存在的，尤其存在于一些人的内心深处。重男轻女的思想已有几千年，而倡导男女平等的历史只有近百年，要想彻底根除根深蒂固的男权思想确实不是一件容易的事。

直即直男思维，这是一种僵化的、固执的、呆板的、模式化的思维。在婚恋关系中，我们要追求灵活的、幽默风趣的、知晓好歹的交往模式。想要玩好一款游戏，首先要了解这款游戏，然后按照游戏规则进行。追求异性也是一样，首先要了解对方，其次是不要停留在自己的固有思维模式中，要知道怎么与对方互动，要学习恋爱的法则、婚姻的法则，如果你不改变和学习，就会被"游戏"告知"出局"。

短即一个人的短板、短处，指的是一些重大的、自我不能觉察或者无法改变的习惯和行为。比如赌博、酗酒、家暴、出轨等让伴侣无法接受的破坏婚恋关系的行为。

粗指的是粗心，比如忘记重要的纪念日，忘记家人的生日，尤其是爱人的，甚至忘记孩子在读几年级，但是却常常记得工作目标和未完成的工作任务。存在这种情况的男性，第一是没有平衡好工作和家庭；第二是忘记了或者根本就不重视自己作为丈夫、父亲的角色责任；第三是自己内心有一个或者多个根深蒂固的思想，这些思想导致了他的行为。

望闻问切

望闻问切是中医用语,是中医看病、识病的重要方法。在婚恋中,我们用老祖宗留下来的"望闻问切"去看人、识人同样有效。如果你能够把这些知识运用到平时的工作生活中,同样是有帮助的。

望:中医上讲的是看一个人的气色,在婚恋中同样是适用的。我们选择伴侣,肯定是想选一个身体健康的,满面红光的人和面黄肌瘦的人的身体状况肯定是有区别的。一个气宇轩昂的人和一个萎靡不振的人在心理状态上肯定也是不同的。我们在看一个人的时候,不仅要看他外在的穿着打扮、气质状态,也要注意看对方的举手投足,更要看一些细节,比如对方的眼神,眼睛是心灵的窗户,眼神可以传递很多信息,甚至一个人爱或不爱,你都可以从对方的眼神中判断出来。同样,你爱不爱对方,对方也会从你的眼神中感觉到。所以不要试图去欺骗你的爱人,语言也许可以伪装,但是眼神却无法欺骗!

一个飘忽不定的眼神和一个炯炯有神、充满专注的眼神,你更喜欢哪一个?一个心平气和的人和一个坐立不安的人,哪个更让你感到舒服?彬彬有礼的伴侣和桀骜不驯的伴侣,哪个更符合你内心的期待?

无论是第一次见面,还是已经步入婚姻;无论是在生活中结交的朋友,还是和你共事多年的同事,我们都要学会用自己的眼睛去看人、识人,不但要看大局,更要看细节,有时是匆匆一瞥,有时是上下打量,有时还要细细品味,必要时还要从暗中察看。

当然,看也是有局限性的,我们有时也会被表象蒙蔽双眼,我们还要看到人的复杂性和伪装性!

有些人本来只有5分，却把自己包装成50分，甚至是100分，如果你不会识人，不能看到真实的对方，那么这些虚假的部分就会蒙蔽你的心智，你就会被这些似乎是看见了其实却看不清的伪装所欺骗。近年来，被报道出来的骗财骗色的案子非常多。对此，建议我们普通人要做到以下三点：一、学习识人的方法，提升识人的能力；二、不要过度执着于外在的东西，要建立正确的价值观；三、回归现实，面对真实的自己，不要落入理想主义甚至是幻想的陷阱。

闻：在中医里指的是听气息。一个人讲话是有气无力还是声如洪钟，是轻声细语还是咄咄逼人，是心浮气躁还是气定神闲，是言简意赅还是啰里吧嗦，通过声音、声调、语气和语言模式等，我们不仅可以判断对方的健康状况，还可以推测对方的性格、心理和思维模式等。

在婚恋交往中，要想做到通过对方的语言来了解对方，首先要学会倾听。倾听有两点是要特别注意的：第一就是学会闭嘴，因为在对方没有讲完时，你一张嘴就会打断对方，你一张嘴就不是倾听，而是变成你的表达或者是回应，所以要想聆听，首先就要学会闭嘴。当然，对方讲完后必要的回应是需要的。学会闭嘴其实训练的是一个人的心能否静下来，能否沉得住气。第二就是专注，如果对方在表达，而你的脑子里还在想着和当下无关的事情，或者眼睛盯着别的东西看，甚至还有很多身体上的小动作，那么对方讲的信息你必然是无法完全接收到的，而且你的不专注必然会影响到对方的表达欲望。

我们在倾听的过程中还要加上思考，所以脑子不仅要专注于听，还要边听边思考，思考对方的表达是否有不符合常理的地方或者是逻辑错误的地方，思考当对方讲完后自己应该怎样去回应。边听边思考不是不专注地听，而是为了和对方进行下一步的沟通互动，所以思考就是为下一步的沟通和互动提前做准备。当然，如果你实在做不到边听边思考，那么在对方讲完后你可以表达自己的感受，因为感受很多时候是比思考更真实、更靠谱的。比如你可以这样表达感受：听完你讲的，我的内心也和你有同感，我对你的遭遇很同情；听到你讲这件事时，我的内心很愤怒，对你的遭遇深感不平；你的表达很打动人，也很激励人，听的过程中我的内心一直很激动，我能感受到你当时的感受，你可以再多讲一些吗？还有另一种方法就是实事求是的表达，比如：你刚才讲得太好了，我听得太入迷了，你能让我思考几分钟再表达我的看法吗？

在听的过程中，还要练习学会听话外之音，这个话外之音有两层意思：一层是语言背后的情绪，另一层是不好直接表述的意愿。当我们的伴侣对某件事有情绪时，我们不要和对方争执这件事的对错，而是首先要关注对方的情绪。就像你的孩子害怕批评就偷偷改了试卷的分数，你首先要关注孩子的内心情绪而不是先讲道理论对错。比如你可以这样说：孩子，你改分数是不是怕妈妈知道你考得不好会批评你啊？如果孩子点点头，你继续说：妈妈感受到了你内心的担心和害怕，你能抱抱妈妈吗？抱完后你继续说道：我也希望你能感受和理解到妈妈内心想让你学习成绩提高的心情，可以吗？如果孩子点点头，接下来你要和孩子一起分析下试卷都错在哪里了，是不会做还是马虎了。等把试卷分析完并找出原因后，首先要鼓励孩子这些问题都是可以克服的，理想的成绩是可以达到的。等孩子建立了自信，问题得到了解决，再和孩子谈改分数这个行为的对错，让孩子意识到分数的提高是有正确方法的，而不是通过改分数这个错误的方法。达成共识后，再和孩子约法三章，给予适当的鼓励，最后表达自己会永远爱孩子就可以结束了。有人会问，伴侣是成年人又不是孩子，遇到类似性质的问题该如何处理呢？我想告诉大家的是，一个生理成熟的人并不代表心理也成熟，一个心理成熟的人也不代表他在时时、事事上都是成熟的。要承认每个人的内心都有一个不成熟的内在小孩，当这个内在小孩跳出来主宰了伴侣的情绪时，你就要安抚这个小孩的情绪。比如：我知道你现在很生气，我很想知道此刻你内心真实的感受和想法，我们彼此都先冷静下来，再慢慢沟通。能够接得住伴侣的情绪，能够关照到对方内心的那个未长大的部分，能够给到对方温暖和理解，那么伴侣对你只会用情更深，只会更依赖于你，你们的关系也会更牢固。在交往过程中，当对方暗示时间不早了，这就是说他要先走了，这是最简单最常见的不好直接表达的意愿。很多男士在分手时，出于各种担心和顾虑，会委婉地找其他理由提出分手，比如：家里人不同意、想事业有成后再结婚等。

问：在婚恋或者是人际沟通中，学会提问是非常重要的能力之一。一个能够提出好问题的人是一个有独立思考能力的人，一个能够提出好问题的人是能够清醒地看待对方的人，一个能够提出好问题的人是一个能够很好掌控情绪的人……

提问有三个需要注意的方面。

第一，先聆听，后提问。一个用心提出的问题是建立在用心聆听的基础之上的。如果对方对你提出的问题表现出漫不经心、敷衍了事，你就可以判断对方对你是没有用心的，至少是没有用心听你的表达的，更有可能是根本没有对你动情动心。一个对你动了情的人恨不得要把你的每一次眨眼都刻在他的心里。

第二，提出好问题。什么是好问题？就是既能引起对方的兴趣甚至是让对方感到舒服，同时又能让对方解答你内心疑惑的问题。从更高一个层面讲，一个好问题也许还能够引起对方的思考甚至是达到醍醐灌顶的效果。不过在婚恋中，我建议达到第一个目的就可以了，因为没有一定的经验和境界想要达到更高层面的效果是很难的，如果痴迷于更高层面的效果还有可能形成好为人师的心理习惯，长此以往是不利于伴侣关系的建立和融洽相处的。

提问其实和写作文差不多，我们都知道写记叙文有六个要素：事件的时间、地点、人物，还有事件的起因、经过、结果。当对方在讲述他的故事时，我们也要围绕这六个要素展开提问：当时你是一个人？是在家里还是外面？当时你是18岁？是你先对她没有了感情？中间还发生了什么？最后是真的分开了吗？现在还有联系吗？

如果遇到一个表达能力特别强的人，我们就要学会抽象提问，因为一个能够把故事讲得滴水不漏，甚至找不到任何破绽的人，逻辑是很严谨的，我们就要从对方的情绪和感受入手。这里的抽象指的是把对方从具象中抽离出来。比如：当你离开的时候内心感受是怎样的？当时你一定很生气吧？后来你还会想起她吗？另外一种人正好相反，他的表达云山雾绕甚至不知所云，我们就要学会用具象提问。具象就是把对方的理想、想象具体化，简单讲就是1、2、3法则，比如：用一句话总结，你会怎么总结这件事？如果当时你可以有两个选择，你会怎么选？用三个词形容这个人，你会选哪三个？

提问时我们还要注意提出问题时的语言模式，尤其要注意的是，千万别把提问变成质问，不然会让对方觉得你是在审问犯人，这样不仅不能增进感情，严重时还会破坏关系。我们也可以把这种注意方式方法的提问方式叫作"问题的软着陆"，比如：不好意思，你刚才说的是……我有个疑问，说了你不要生气哈……抱歉，我刚才没有听清楚，你是说……也可以理解成在你提出一些你认为尖锐或者会让对方感到尴尬的问题时，在问题着陆前加一个软垫子，起到缓冲作用。

提问时的语音和语调也是非常重要的。温和地问和严厉地问，不紧不慢地问和喋喋不休地问，傲慢地问和谦卑地问，同一个问题用不同的语音语调说出来的效果是不一样的。有时在提问完成后还要学会沉默，不是所有提出的问题都会有你想要的回答，或者都会得到回答。我经常向那些感情出现危机的夫妻提出一个问题：你还爱他（她）吗？如果对方回答不上来，你就没有必要继续追问了。对方的沉默就是最好的回答，你只要静静地看着对方，感受此刻对方的感受就可以了，这时你的沉默也是最好的回答。在提问中，如果能够适时加一些幽默的语言因素进去，将会是一个加分项。但不是所有的提问都适合幽默，有一些严肃的问题当然是需要严肃地提出来，这就要做到适时灵活。

第三，学会回应。我们要学会提问，也要学会怎么回答问题，因为在交往中不只是我们在提问，我们也会成为被提问的一方，有问有答才能互动，才是一个良性的沟通。

如果是基于交往的前提下，那么对于对方的回应应该做到三真：真心、真诚、真实。因为如果是虚假的回应，在今后的交往中总会有被戳破的那一天，到时影响的是彼此的信任。一旦失去信任这个基础，绝对是会影响伴侣关系的。如果当时不知道怎么回答，或者有所顾虑，也要真诚地告诉对方。比如：我现在不知道怎么回答你，请你给我一点思考的时间，等我想好了我会给你一个答复。这个时间的长短根据你自己的实际情况来定，可以是几分钟，也可以是几天，但是不要想着拖下去不回答，因为交往时遗留的问题都有可能被带进婚姻，成为影响婚后伴侣关系的隐患。

切：在中医里指的是摸脉象，切诊是指用手触按病人身体，借此了解病情的一种方法。在婚恋中，可以把"切"引申为判断，特别是通过肢体接触的判断。在婚恋中，肢体接触是关系得到升华和确定的重要外在表现。

身体的每一个反应都是神经系统在各种活跃状态下传递不同信号形成的结果。在婚恋中，每个人的身体反应都是内心想法（大脑）的外在表现，因此身体的反应是判断一个人内心情绪的最准确的方法之一。

一个人在思考和表示怀疑时可能会眉头紧锁，一个人看到自己的意中人时可能会两眼放光，一个人心情愉悦时嘴角会不自觉地上扬……我们仔细观察每个人的微表情，会很快觉察到对方的情绪，这时我们就要及时调整彼此互动的状态，不要等到对方忍无可忍无须再忍时才去"刹车"，那时可能就刹不住了，本来可以避免的冲突就在所难免。

牵手和拥抱是亲密关系建立和开始的重要信号，如果伴侣不愿再牵手和拥抱，恐怕是亲密关系变淡或者恶化的信号。接吻比发生关系更能体现伴侣之间爱的浓度，不爱或者激情退去的伴侣依然可以发生关系，但是接吻就不那么容易做到了，不接吻可以过一生，但是没有夫妻生活的伴侣却很难长久下去。接吻更多时候偏向于爱的需求多一些，性关系更多时候是生理需求的部分多一些。

很多女性认为只有和爱的人才可以接吻，也很好奇为什么很多男人没有爱也可以和异性发生关系。

试想一下，一个男人对饮食有没有标准和偏好？一定是有的，但是这个标准和偏好是建立在个人能力基础之上的，对食物的基本欲望是建立在生理需求之上的。当你月入1万元以上时，可能就会对食物的健康有了选择的能力，路边的10元小店你可能就不会光顾了，30元的快餐你可能还要挑挑拣拣。如果你的月收入不到3000元，10元的快餐店可能就是你每天的主选，30元的快餐你也喜欢，但是能力所限只能望洋兴叹。有人喜欢炒菜，有人喜欢火锅；有人喜欢吃辣，有人喜欢吃甜，这些喜欢也都是建立在你有能力选择的基础之上。这时我们会发现，当你的能力不允许你去选择时，饿了怎么办？饥不择食可能就是人类生存下来的法则之一。一个饿了三天的人可能会捡拾地上坏掉的食物，一个滴酒不沾的人为了御寒可能会喝下高度的白酒，一个在沙漠中行走没有水喝的人可能会喝下自己的尿液……

人活着一定是有自己的选择标准和偏好的，但是当基本的生理需求（温饱需求、性需求）得不到满足时，就会降低甚至是放弃这些标准和偏好。

＊ 家庭关系提升

重建边界

中国人之间的边界感不强是个不争的事实，这是我们的文化特色。在过去的家庭结构中有其形成和存在的必然性，随着经济的发展、社会的进步，每个人都强调自己的独立，因此每个人也都在内心建立了越来越强的边界意识。你很难说过去的不分你我和现在的互不打扰哪个更好，但是我认可的是，顺应时代的发展让每个家庭成员过得更舒服快乐一些是没有问题的，那些极力主张回到过去的关系模式和不屑于当下人的内心需求都是不可取的。适合你自己的、适合整个家庭成员的关系模式，才是对你、对你的家庭最好的关系模式。

在现实生活中，比较常见的边界不清的例子就是父母介入已婚子女的家庭生活。在电台里听到这样一个案例：一位55岁的女性倾诉自己的女婿自私，女儿结婚后对自己的态度也变了。这位母亲就很为女儿担心，对女婿很气愤，她问电台主持人到底是谁的问题。主持人的回答是：第一，你的女婿是在和你女儿过日子，还是在和你过日子？人家的日子你不应该去评判。第二，你和女儿女婿是两代人，经历、价值观都不一样，你说的那些对错在下一代人那里也许就不是这么回事了，更何况过日子本来就不应该拿对错来做衡量标准。第三，你和女婿之间的矛盾一定也有你不对的地方，否则就不会是矛盾。什么是矛盾？有矛才会有盾，所以矛盾一定是双方都有问题。第四，你的女儿已经告诉你她结婚了，也有小孩了，人家夫妻俩自己没打算分开，难道你要依据你内心的对错和评判去拆散人家吗？如果真的到了那一天，你的罪过可就大了，你能不能承受？你的女儿能不能承受？第五，你才55岁，如果实在是闲的话，赶快去找个工作让自己忙起来，不要去插手和干涉女儿的家庭。大家都是成年人，要做到彼此尊重。

这个主持人的回答非常全面，既有分析又有方法，最后提到的彼此尊重其实就是心理上的边界，要知道什么该做，什么不该做，什么是自己能做的，什么是自己不能做的。

（一）过去我的是你的，你的是我的，不分彼此。现在我的是我的，你的是你的，我们的是我们的。哪一种模式更适合我们，哪一种模式就是正确的。

（二）边界更多指的是心理上的界限，但是心理上的界限也是通过外在的表情、语言、行为等表现出来的。

（三）过度亲密或者过度疏离的关系都不是健康的关系，尤其是家人之间。

以子为镜

都说小孩子的眼睛像泉水一样清澈，小孩子的内心又何尝不是，孩子就像一面镜子，很多时候可以照出我们这些家长的"丑陋"模样。

当我们教育孩子要做一个诚实的人时，自己却在家人面前撒了很多谎；当我们教育孩子要孝顺时，自己却可能已经很久未见父母；当我们教育孩子要热爱读书、专心学习时，自己却拿起了手机。

当孩子对我们发起灵魂提问的那一刻，我不知道各位家长是怎么回答的，又或者说不知该如何回答，告诉孩子这是善意的谎言，还是说你长大了就明白了，抑或是直接回答小孩子不懂不要问？

前人的智慧告诉我们：言传不如身教。要想孩子优秀，首先要做到自己优秀。父母没有严格要求自己，却还想让孩子做到优秀，无异于异想天开，没有培养出你希望的子女也是正常的，因为你没有给孩子做好榜样。所以从自己做起才是希望的开始。

有合有分

（一）"天下大势，分久必合，合久必分。"《三国演义》里的这句话，我想也是符合家庭发展规律的。

父母把孩子养大，孩子长大后就要离开自己的原生家庭去组建一个新的家庭，父母年老后，孩子又会回到父母身边照顾他们，陪伴父母走完人生最后的时光。

（二）从心理层面来说，不管你是否成立新的家庭，还是你是否为人父母，只有你自己的内心真正成熟、强大、独立了，才不会在心理上依赖父母，这才是你心理断奶的真正开始。人的心理年龄和生理年龄很多时候不是同步发展的。

（三）要做到和父母、和孩子的心理分离，不是那么简单的一件事情。我们从小就要有意识地培养孩子的独立意识，就像孩子摔倒时要鼓励他自己站起来，而不是自己心疼得受不了，不但要帮孩子站起来甚至还要把孩子摔倒的责任推到地板上。作为成年人，如果父母没有对你进行独立教育，那么你就要自我成长，遇到事情时在内心告诉自己：我是一个成年人，我可以搞定这一切，而不是遇到困难就想向父母求助。

现实生活中的无法分离有些是很严重的，比如"妈宝男""妈宝女"事事都要请示父母，父母也会事无巨细地指导孩子。表面上看起来是孩子离不开父母，大多数情况下是父母离不开孩子。这类父母对孩子过度依恋，把孩子塑造成了一个事事都需要自己的人，这样的父母打着"爱"的名义去满足自己内心的掌控欲或者内心的某些缺失，他们以牺牲孩子的独立为代价，这种爱顶多是一种"自私的爱"甚至是一种"畸形的爱"。爱的过度必然带来恨的滋生，只要人的独立意识是存在的，那么这种过度的、畸形的爱就会受到冲击，就像鸟儿只要记得怎么扇动翅膀，就会不断试图冲出牢笼。

在过度的、畸形的爱的环境下长大的孩子，如果已经影响到了正常的恋爱、结婚，甚至是生活，那么还是建议去找专业的人士进行心理治疗。

夫妻一心

两个人要同时划船还要节奏一致才能朝着同一个方向加速前进，如果夫妻之间缺少沟通，意见相左，互不相让，甚至各自为政，那么这艘船轻则跑偏，重则触礁。

夫妻关系之所以被称作亲密关系，就是说如果两个人因为种种原因不亲密了，那么关系也就有问题了，一旦有这样的信号出现，双方都要去警惕和调整。婚姻的大厦盖起来不容易，后期的维护也同样重要，否则再好的大厦不好好维护也经不起风吹雨打。

"夫妻同心，其利断金。"一段婚姻出现问题一般都是先从内部开始的。如何才能做到夫妻一心呢？

第一，两个人每个星期都要保持面对面的沟通，当然最理想的状态是每天睡觉前都要交心，分享彼此一天的感受和明天的计划安排。如果对彼此有一些不满和期待也要坦诚地提出来，如果是不太好说出来的话题，那就先在心里想好怎么表达再寻找合适的时机进行沟通。每个月、每一年都要拿出两个人单独相处的时间来探讨婚姻、家庭和对彼此、对自己的新认识及新期待。

也许大家感觉有点像是在工作，每天汇报工作进展，每周还要开例会，年终还要做总结开年会。夫妻间的相处的确和工作有类似之处，而且我们还要比工作做得更好，可是现实中却是相反的，我们在婚姻中的投入比在工作中少得太多太多，就有一点我问问大家：公司年终总结大会搞得轰轰烈烈，又是吃饭，又是喝酒，又是表演，又是抽奖，我们在家里有没有开这样的年终会表扬我们的爱人、我们的家人？记得以后一定要搞家庭年终总结大会，公司年会上有的花样都要有，而且还要比公司年会搞得更隆重。因为工作你只干几十年，家庭角色却是要做一辈子的。我们有些人在事业上搞得风生水起，家庭生活却是一塌糊涂，看看我们在这两方面投入的时间和精力，多少就会明白问题出在哪里。

第二，夫妻之间不可能事事都是一致的，一定会有意见相左的时候，这是很正常的，有不同、有碰撞是好事情，也是了解彼此的好机会，只要不是原则上的大事情，我们按照"抓大放小"的原则基本就可以解决。我们国家和别的国家有和平共处五项原则：互相尊重主权和领土完整、互不侵犯、互不干涉内政、平等互利、和平共处。那么在婚姻生活中这五项原则也是适用的。互相尊重、平等互利、和平共处这三个原则是比较好理解的，互不侵犯、互不干涉怎么理解？就是在保证我们良性互动的基础上，给彼此独立的空间，比如丈夫不去干涉妻子化妆打扮、买衣服等，妻子也不去干涉丈夫正常的社交和爱好等，二人都不干涉伴侣和自己父母的相处模式，在伴侣告诉你过去只有一段恋爱经历你不相信时不要打破砂锅问到底，否则，这也是一种心理上的侵犯。

夫妻核心

中国有句老话叫"家和万事兴"，我想改成"家核万事兴"也是成立的，这个"核"就是家庭的核心。家庭的核心是什么？就是夫妻。

如果家庭的核心变成了双方的父母，那么夫妻二人是没有成长的，非真正独立的夫妻；如果家庭的核心变成了孩子，那么夫妻之间的亲密度是不够或者是有障碍的，这种亲密关系的不足和有障碍会被转移到孩子身上。

当我们进入一个家庭，仔细观察就会发现这个家庭的结构是怎样的，这个家庭的互动模式是怎样的，这个家庭的问题出在哪里，正所谓旁观者清。同时，一个家庭互动模式的改变不是那么容易实现的，甚至是非常困难的，因为这需要每一个家庭成员的参与。核心问题、核心人物的改变会带来其他家庭成员的改变，这个核心人物指的就是夫妻，不管这个家庭存在的问题是双方父母的介入，还是夫妻一方过度关注孩子而冷落了伴侣（很有可能是夫妻亲密度不够在先，另一方才会以过度亲近孩子来满足内心的需求），做出改变的关键之处都来自夫妻的觉醒。因为父母已经老去，思维已经固化，把希望放在他们身上显然是不明智的，也是难以实现的。孩子处在不稳定的成长阶段，孩子紧密了夫妻甚至是家庭各个成员之间的联系，但是一个家庭核心的联系、核心的关系还是要靠夫妻双方努力，把希望转嫁到孩子身上是一种不负责任的表现，也是一个不可实现的目标。孩子只是"锦上添花"，绝对不要当成是"雪中送炭"。很多夫妻感情破裂，只是为了让孩子有一个完整的家而继续演戏，表演成夫妻，表演成父母，其实孩子心里比父母还要明白，在这种"表演模式"中，三个人都会陷入痛苦挣扎，每个人都过得不开心，真到了"时机成熟"的时候，孩子一定不会成为你们维系婚姻的理由或者是顾虑。

夫妻想要成为家庭的核心，他们首先要是独立的（经济独立、人格独立、情感独立），其次他们的关系要是紧密的、亲密的。那么上面的父母和下面的孩子想要"侵入"他们的关系是很难的，所以"家核"是

"万事兴"的基础。

尊老爱幼

尊老爱幼是中华民族的优良传统，需要传承和发扬，我们正处在一个大变局的时代，每个人的思想观念也在不停地受到冲击，怎样理解和传承这些好的传统，恐怕我们都要去做一些思考和调整。

"尊"有两层含义：一个是尊重，一个是孝敬。尊重更多的是发自内心的，孝敬更多的是外在的行为。当然，"尊"不是一味顺从，更不是放弃自我。恰恰相反，在你成人后，拥有独立的思考能力正是对父母最大的尊重，因为你可以独立在这个世界上生活，这才是父母养育你的核心目的。尽管你的独立和自主会减少对他们的依恋，但那是必然的，也是要面对的。如果你的独立让父母久久不能适应，那么很可能是父母之间的关系出了问题，你成了父母伴侣的"替代品"，你的独立意味着他们不但失去了现实意义中的第一个伴侣，也将失去心理层面的第二个伴侣，所以才会紧抓着你不放。此外，也可能是你的原因，你可能在这个关系里不想独立，不想长大。因为独自面对社会会面临很多辛苦、困难甚至挑战，在父母的呵护下是舒服的，是双方都需要的，但是长此以往，结果一定是"悲惨"的，因为父母终会离你而去，而你早晚也要独自面对这个世界。不过等到那时，你是否还能面对和适应这个世界就要打个大大的问号了。

爱自己的子女是人的天性，但是爱的度，父母不一定能把握好，过度严厉是出于爱，过度宠爱也是发自爱，只是这样的爱不是偏左就是偏右。

　　为什么会这样？你不能怪孩子不懂事，不能怪你的父母没有把你养育好，更不能怪自己。我们只要明白一点，就是解决问题的唯一方向和方法一定在自己身上，只有自己改变了，问题才会有新的答案，事情才会有改变的可能。

　　找到形成问题的根源不是最重要的，知道怎么解决问题才是核心，因为我们的目的不是要怪罪谁，要谁承担责任，而是要解决问题。想要解决问题，改变自己是最容易的。

✱ 做比萨饼

我们可以把人生、工作、家庭等很多主题，细分成你认为重要的几个部分，并依据自己的评估依次打分。通过这个饼状图，我们可以很直观地看到哪些地方做得是比较好的，哪些地方还有不足，我们就知道需要在哪里发力，知道怎样去平衡好自己的生活、工作、家庭等。

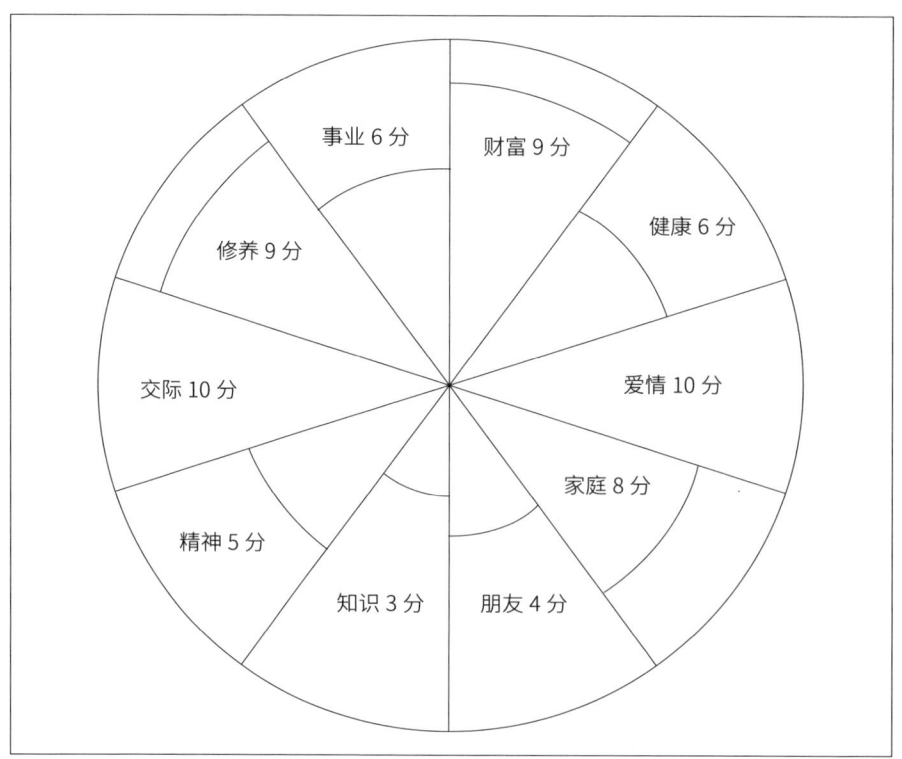

图 4-1 人生饼状图

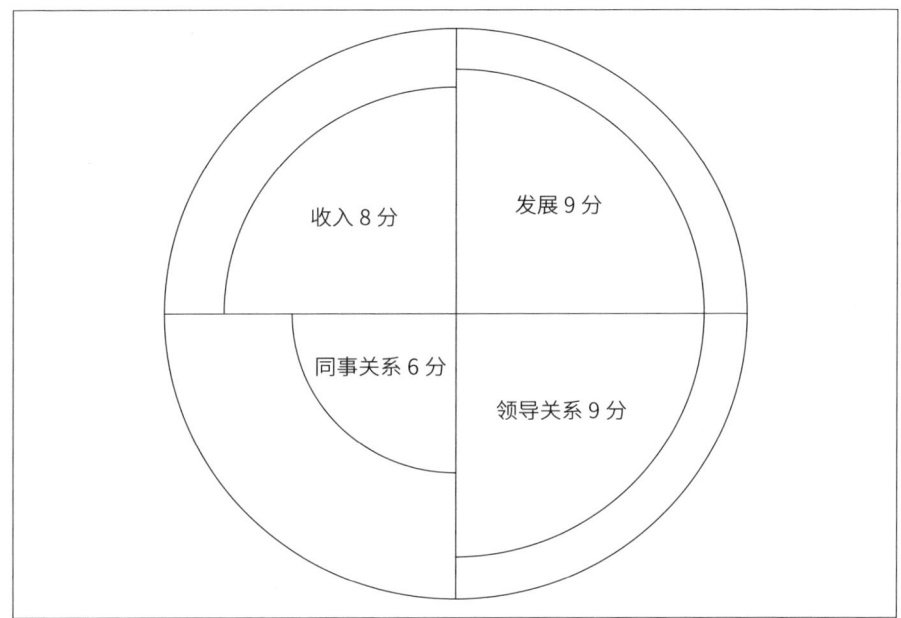

图 4-2 工作饼状图

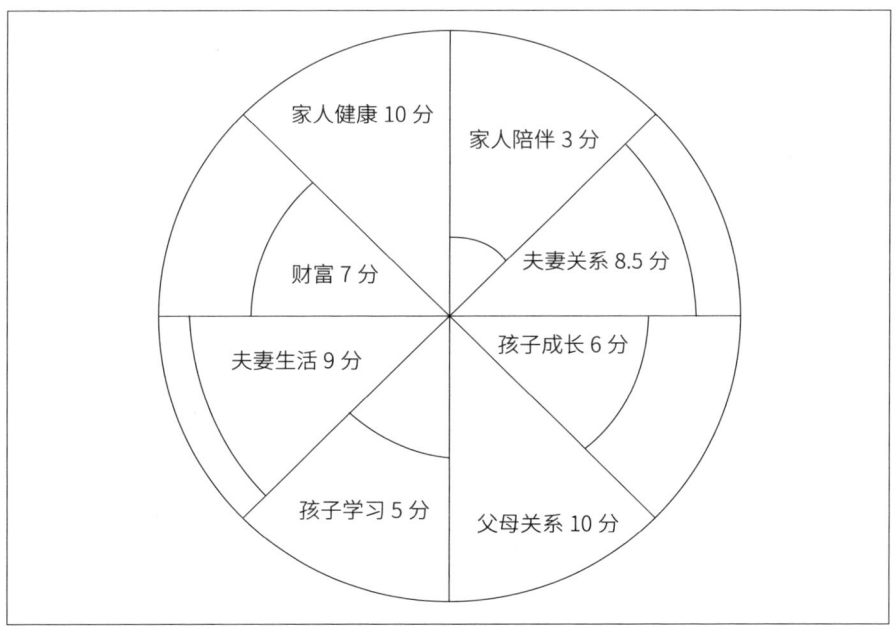

图 4-3 家庭饼状图

✳ 知道和做到

我们在生活中常常会遇到这样的情况，就是你在劝别人或者是想要帮助别人时会分享一些道理给对方，在很多情况下对方的经典回应是："你说的这些我都知道，我都懂，但我就是做不到，怎么办？"

不知道大家有没有遇到过这样的情况，反正我是经常遇到，于是我就在思考这其中的逻辑和背后的道理，以及破局之道。在这一节里，我把我的思考分享给大家。

认可

你能把一个道理表达出来，其实是你之前经历了一个内化的过程。就像你可以唱一首歌，其实是在背地里演练了很多遍，才能够在别人面前一展歌喉，而且你对歌词里所描写的意境越认同，唱得就会越传神。

所以你能够从别人的故事里提炼出一个道理来，首先是你认可这个人，想要去帮助他，也许你还有过和他一样的经历，起码是平日里有研究和思考过这类事情，才能够说出一些道理，希望能帮到对方。

准确反馈

我们这么设身处地地想帮助对方，还能讲出那些深有感触的道理，为什么对方不会幡然醒悟，甚至还带着情绪回应"你说的这些我都知道，我都懂"这句话呢？

第一，不管对方是否能够理解或者听懂你讲的道理，之所以他会这么回答，是因为你讲的并不是他想要的，他想要的其实是一个倾听者，或者是一个拥抱，因此在想要的没有得到时，他就会用情绪去回应。

也许你会疑问，既然只是需要我倾听，为什么不直接告诉我？试想一下，你想要向别人倾诉之前会不会直接告诉对方"我只是想要有个倾诉对象，不需要你的道理和说教，你只要用心听我说就可以了，当我说完，你再给我一个拥抱"。这样的开场白是不是感觉怪怪的，我们中国人的情感表达都是比较含蓄的，不会这么直接。

第二，如果对方需要你的反馈，但是你却没有理解对方讲话的真正含义，对方也会不耐烦地用"我知道，我都懂"来回应你。这种回应是为了让你尽快终止不切题的回答，直白讲就是："我讲给你的事你根本就没有理解，快别说了，你说的我根本就听不懂，甚至不想听。"

我有一个上幼儿园的外甥女到我家来玩，吃过午饭后，她妈妈准备带她离开，可是小姑娘却在那里扭扭捏捏，迟迟没有走的意思，我就问她怎么了。她说没有吃饱，我心里纳闷，中午她吃得挺多的，怎么会没有吃饱呢。正想和她沟通要不要再吃点别的时，她妈妈走过来轻声问道："宝贝，你是不是不想离开，还想在舅舅家里玩啊？"小姑娘害羞地点点头。

一个小孩子的内心想法和表达都这么复杂，更何况是成年人。当你没有一定的觉察力和生活经验，却想给别人几句人生忠告，同时还想收到好的反馈，估计是比较难的。

第三，如果你正确理解了对方的需求，也有准确的反馈，对方还是回应"你说的这些我都知道，我都懂"，那是因为你说的这些他自己都已经想过了，甚至也有人不止一次地和他说过，所以他不想把相同的道理再重复听一遍，他需要的是新的思路和方法。

知道做不到

关于知道做不到有两个层面：一是表面知道，二是真的知道却不愿做到或者是真的做不到。

什么是表面知道？比如"知识改变命运"这句话，我们有时候表面上是理解这句话的，当有人和我们讲起时，我们也认同，但是真正让我们去学习知识时却没有动力。为什么认同却不照做呢？

我认为这就是表面知道、表面认同。当大家都在认可一个道理或者某句话时，虽然我对这句话没有太深的理解和思考，但是出于从众心理，为了不让我脱离群体，我就会选择盲从。还有一个原因，有可能是我的心里还有别的答案，比如"机遇改变命运"，那么内心照着"知识改变命运"这句话去做的动力会更不足，甚至是朝着反方向或者其他的方向发展。

这样我们就明白了知道做不到的第一层含义，那只是为了从众，表面知道甚至表面认可,心里却有别的答案,内心不认可就没有动力,自然就做不到。如果对"知识改变命运"这句话不仅认可,还认真思考和研究过,甚至在自己的人生中有过切身的体会,那么对这句话才是真正的知道,你就会有实践的真正动力,才会做到"不但知道还能做到"。

什么是真的知道却不愿做到?我知道办公室的地脏了需要打扫,也愿意去打扫,当我准备行动的时候,这时我平时就看不惯的一个领导走过来,就地上很脏这件事狠狠地批评了我,这时我的内心就会有情绪,本来很愿意去做的事却因为有情绪变成了很厌恶的事,甚至会找各种理由推脱责任或者消极怠工,总之就是想办法不做,甚至还会搞破坏让地上更脏。当人处在负面情绪之中,即使平时认可的事也会因被情绪所左右而变得不认可。

真的知道也真的做不到,这是一个普遍现象。就像每个人都知道肥胖不好,每个人都想要健康、苗条的身材,可美食当前,大部分人还是抗拒不了,这就是真的知道也真的做不到。为什么会这样?那是因为假如把减肥和享用美食这两件事放在一起比较的话,减肥的动力是 5 分,美食的吸引力是 8 分甚至 10 分,当一个动力的能量超过了另一个动力的能量,对于低动力的事自然就会做不到。

理解和行动

我们搞明白了行为背后的心理因素,就知道怎么去改变自己的思维让自己和身边的人变得更好。

（一）当朋友、家人（尤其是女性）向你倾诉时，我们更多的时候只要做到感同身受，做一个用心的倾听者就可以了。当对方明确提出需要你帮着出出主意时，你再开口，切记不要做过多的评判，更不要讲一堆的大道理。尤其是当对方说"你说的这些我都知道"这句话时，你就要觉察下是不是你在说教或者是大道理讲多了，如果是，就要果断闭嘴。

（二）当你发觉很多时候道理自己都懂但就是做不到时，你就要觉察下这个"懂"是不是表面的懂，你的内心是否真正地认同。如果内心不是那么认同甚至还有别的看法，那么做不到是自然的。

（三）一个人的思维是可以改变的，意志力也是可以培养的，当你有了新的思维，再加上不断提升的意志力，你的行为自然就会改变，也会持久，你想要的结果也会随之而来。

✳ 婚前必读

认识彼此

当你决定和你的爱人走进婚姻时，你要问问自己：

你了解当下的你吗？

你真正了解当下的你吗？

你了解对方吗？

你真正了解对方吗？

你对你们之间的关系，满分 10 分的话，你会打几分，对方会打几分？

你对婚后生活的希望和信心，满分 10 分的话，你会打几分？对方会打几分？

我们在婚恋的个案中经常遇到这样的案例：追溯夫妻关系发生问题的根源是当初结婚时并非真正了解彼此。注意，是了解彼此，有些时候看上去你当时很了解他，谁知婚后他却变了个样子，其实不是对方变了，是你当初根本就没有看清，或者是你不具备看清一个人的能力。

怎样才能在婚前充分了解对方呢？我想首先要做的就是了解自己，了解自己的需求，提高自己的认知能力，接下来才是了解对方。

第一，了解自己，了解自己的需求。这里重点分享下我们的需求误区。所谓萝卜青菜各有所爱，我们很容易被执着的、强烈的爱所误导，这种现象在心理学上叫作"光环效应"，即在人际交往中，他人身上表现出的某一个方面的特征，掩盖了其他特征，从而造成了人际认知的障碍。在现实生活中，"追星"就是一个非常典型的光环效应，当明星光鲜亮丽的一面被放大到具有光环效应后，你会认为这个人是完美的，甚至不允许对方有任何瑕疵，即使有瑕疵也会把它合理化。在婚恋中，也许是对方的诚实，也许是能力，也许是财富，也许是外表吸引了我们，当我们深陷其中时，就会认为对方所有的一切都是好的，是值得托付终身的。

光环效应是一种以偏概全的心理现象。一般是在我们没有意识到的情况下发生作用的。由于它的作用，一个人的优点或者缺点变成光圈并被夸大，其他的优点或缺点退隐到光圈背后不见了。甚至只要认为某个人不错，就赋予其一切好的品质，连对方使用过的东西，甚至是他的朋友、家人也会被我们认为是不错的。

我们要知道一个人一定是多面的，我们对另一半的需求也是多面的。学会和做到全面地去认知、去判断一个人才是正确的认知打开模式。所以在婚前我们不要被"光环效应"所欺骗。

第二，我们想要了解自己和了解他人，除了学习之外，更重要的就是实践。恋爱是谈出来的，经验是积累出来的，甚至很多经验是用失败和痛苦换来的。想要不费吹灰之力就拥有识人、看人的能力是过度理想化了。想要处理好和异性之间的关系，没有大量的交往互动就想水到渠成也是痴心妄想。

想要了解一个人，不仅要看对方的外在，还要看他的思维模式、沟通方式、行为模式和待人接物等。对方的同事、同学朋友、亲戚家人，你都见过了吗？你都了解过这些人对他的评价吗？你们有一起去经历一些事吗？在这些经历中，你不仅要享受其中的快乐，更要看到你们遇到冲突时是怎么处理和解决的。你们有在一起生活过一段时间吗？在柴米油盐酱醋茶这些琐碎的生活中，你看到的对方又是怎样的？如果上面的这些你都没有体验过，你对对方还不是那么了解时，想要进入婚姻还是要慎重些！

第三，恋爱是自己的，婚姻是自己的，在婚恋中你有充分的自主权，但是当你没有能力去判断或者有所疑惑拿不定主意时，最好还是去咨询下专业人士的意见，或者去咨询下过来人和身边亲朋好友的意见，很多时候是旁观者清。

三观认知

我们经常听到有人说分手的原因是三观不合，我们怎么在步入婚姻前了解一个人的三观呢？

第一，最好不要在热恋期进入婚姻，因为这时你并没有看清这个人，你们彼此看到的只是理想化的、片面化的对方。一个真实的、立体的伴侣一定是你既可以看到对方的优点又知道对方的缺点，既有过甜蜜也有过争吵，既有相同的地方又有不同的地方。当你们经历过了风风雨雨，还能彼此接纳，这时才真正拥有了走进婚姻的信心。

有些伴侣在婚后经常争吵，说起来都是一些生活琐事，分析下来并没有大的矛盾，但是这种争吵长此以往也会让彼此疲惫不堪。其实这里面就有两个人价值观的不同，比如：出门带雨伞还是不带雨伞，周末要睡个懒觉还是早起去爬山锻炼身体，买燃油车还是纯电车，等等。

价值观是人生中事物重要程度的排列。就像选择睡懒觉是因为内心认为充足的睡眠才是健康的保障，选择去爬山是认为锻炼身体对于健康来说才是最重要的，大家都认同要身体健康，不同的是哪种方式最有利于健康。价值观不同的双方，如果互不相让，那么引起争吵是必然的。所以双方在婚前就要多接触，在不同的事情上多碰触不同的观点，双方要建立一个良性的沟通和互动机制，不要等到婚后激情退去才看到这些问题。

从另外一个层面讲，如果你真正爱一个人，是能够为对方做一些妥协的，而不是把坚持自我作为维系亲密关系的首要事情。爱一个人就是要允许对方做自己喜欢做的事，过对方想要的人生，如果在允许之外，你还能放弃自己的一些需求去帮助对方实现他的需求时，这才是爱一个人的真正表现。分享财富是一种爱的表现，分享自己的时间给伴侣是一种爱的表现，分享自己的内心快乐给伴侣也是一种爱的表现，所分享的这些都是你拥有的。

男人不爱逛街却愿意承受这份"不情愿"去陪自己的爱人更是爱对方的具体表现。爱不但是分享，有时还需要忍受甚至是牺牲，因为爱他不是让他不开心甚至是痛苦。走进婚恋后，如果你做不到调整或者放弃某些价值观，那么坚持自我的结果就是你只能再次回到一个人生活的状态。如果彼此是深深相爱的人，我为你放弃一些、妥协一些，你也为我放弃一些、妥协一些，这才是良性的互动，这就是把原本独立的你和我慢慢活成了"我们"。如果你坚持你的价值观丝毫不退让、不改变，即使对方再爱你又能迁就你多久呢？假设对方也不想为你改变自己的价值观，那么两个人不是不够爱，就是不懂爱或者压根就不适合结婚，只适合过单身生活。通常来说，亲密关系处理不好的人在处理其他的人际关系时往往也会出现问题。

第二，你想要什么样的人生？你怎么看这个世界？我想很多没有进入婚姻的人还没有仔细思考或者追问过自己内心对于这两个问题的看法。当在婚姻中遇到一些重大事情时，彼此的人生观和世界观就会呈现出来，如果彼此存在分歧无法解决，就会影响到亲密关系的紧密程度。

如果你的内心是一个悲观主义者，那么事事都会采取消极退避的方式应对；如果你是一个乐观主义者，那么遇事你都能积极面对；如果你认为世界充满欺骗，那么做事就会小心翼翼，充满警惕；如果你认为世界是安全的，那么你就会无所顾忌；如果你认为人生无意义，就会得过且过；如果你对人生充满好奇，就会不断去探索和尝试；如果……

在恋爱中，如果你能透过对方的外在表现洞察到对方内心对人生、世界的态度时，这将是评估你们能否走到一起的一个重要评估项。

第三，在两个人相处的过程中，一方面要看到真实的彼此，另一方面要去调试彼此不相同的部分。认识一个人是从实践中来，最后还要到实践中去；接纳一个人首先要有爱的基础，其次要有处理关系的智慧。智慧是学习来的，更是实践来的。我们在生活中常看到一些看起来很不般配的伴侣相处得却很和谐，你就知道他们一定是处理关系的高手，是值得我们学习的充满生活智慧的对象。

看上去般配的伴侣不一定过得幸福，看上去不般配的伴侣也不一定就过得不幸福。般不般配是老天安排给你的选择权利，能不能过得幸福就要靠你自己的学习、成长和修炼，这个老天爷帮不到你，父母、亲戚和朋友也无法替代你。

性格不合

性格是一个人在面对现实世界时稳定的态度，以及在与这种态度相应的、习惯化了的行为方式中表现出来的人格特征。

在婚恋中我们经常会听到性格不合这四个字，什么样性格的伴侣在一起才是相合的呢？首先我们要了解自己的性格是怎样的，对方的性格是怎样的，接下来才是双方是否可以相处。

我们简单地把性格分为外向和内向两个类型来举例。性格外向的人一般开朗乐观、大大咧咧、热情奔放，性格内向的人一般沉着冷静、谨小慎微、寡言少语。那么是两个外向型性格的人在一起关系更融洽还是两个内向型性格的人在一起更和谐？又或者是一个外向型性格的人和一个内向型性格的人更匹配？在现实的婚恋生活中，你会发现这三种组合方式既有过得好的也有过得不好的。那么问题的核心在哪里？什么样性格的两个人组合在一起并不是最重要的，最重要的是不管你是哪种性格，你对对方的性格是否接纳，对方对你的性格也是否接纳。

接纳是既有情感上的依恋模式和程度，又有权衡利弊的结果。性格不合首先是对方提供不了你想要的或者是你不认可彼此之间的情感互动模式，其次是权衡利弊后发现重新选择可能对你的人生是更有利的。

性格是在社会生活实践中逐渐形成的，一经形成便比较稳定，它会在不同时候和不同环境中表现出来。虽然性格具有稳定性，但并不是说它是一成不变的，而是可以重新塑造的。当一个人的生活环境发生重大变化时，其性格特征也会发生显著的变化。

一个脾气暴躁的男人在和妻子互动时动不动就发火，对于妻子的诉求没有耐性，甚至还是一个没有情趣，也不浪漫的人。很明显，这两个人的性格和需求是不相匹配的。如果你听到妻子对丈夫的控诉，还看到她脸颊上滴落的眼泪，你一定认为这段婚姻过不下去了。如果你问妻子会不会离婚，大部分情况下这个妻子是不会选择离婚的，为什么？

表面上看，这个脾气暴躁的男人让人在生活中很不舒服，但是在妻子心里，他的形象是符合自己潜意识里对男性形象的认知的，因为她的父亲就是这样的性格特质，这样特质的男人满足了她内心深处对于父亲的依恋和期待，这种期待会让她觉得是"正确"的，是"安全"的，是熟悉的。就像一个一边抱怨辣椒太辣却一边吃得不亦乐乎的人，你不要被他表面的抱怨所"欺骗"，他下次还会再来吃的，而且还是边吃边抱怨。

这个男人虽然有让妻子抱怨不满的地方，但是他每个月都把收入全部上交，也没有不良嗜好，对家人也是全心全意，只是方法简单粗暴，不会浪漫，不会说好话和甜蜜的话。妻子权衡之下，丈夫能够全心全意过日子，对她和孩子一心一意，为了这个家也好，为了孩子也好，丈夫的这些缺点也就忍了。这就是权衡利弊。就像一份又脏又累的工作一定不是你理想中的选择，但是理想中的工作你没有找到，或者找到了但工作单位看不上你，目前这份工作虽然又脏又累，但是薪资是理想中的一倍，而且离家近，那么该怎么选择你心里是有答案的。

感情不合

感情不合再发展下去可能就是感情破裂，首先我们要评估下伴侣之间是本来就没有感情，还是感情基础不稳固时就走进了婚姻，还是感情一直很好，因为发生了一些事情才导致感情出现了问题。

如果是有感情基础的，也就是彼此相爱，后来才出现的感情不合，那么为了挽回感情也好，为了为下一段恋情积累经验也好，我们都要好好思考问题出在了哪里。

我们把其中的一种状况作为案例分享。婚前两个人彼此相爱，这么看来两个人是有感情基础的，但是婚后随着激情退去，彼此之间的感情浓度下降：一是看到了彼此的一些缺点甚至是自己不能忍受的地方；二是当伴侣的焦点不在自己身上或者不全在自己身上时，内心自然而然就会出现失落，这种不被重视甚至是被冷落的感觉非常容易引起对对方情感忠诚度的猜忌；三是当对伴侣的情绪表达出来，对方却无法很好地接住你的情绪时，这种情绪就会不断升级扩大。

当各种不满、猜忌、愤怒爆发时，轻则争吵，严重时就有可能发生家暴。如果彼此的自省能力足够的话，就会看到这些激烈的情绪背后是没有被满足的强烈的情感需求，强烈的爱与被爱的需求。

对伴侣的爱无法满足导致情绪爆发又没有有效的处理方法时，这份爱就可能变成了恨，这就是我们所说的越浓烈的爱中隐藏着越危险的恨，越彻骨的恨背后其实是深深的没有被满足的爱。如果这个世界上有人恨你，你要知道对方对你是有一份爱的，或者说是一份被"转化"了的爱，就像一个没有孩子的女人会把自己的母爱投射到别的小孩身上一样。当然，恨也是会投射的，就像一个早年失去丈夫，和儿子相依为命的女人，在"头脑不清醒"时会把对丈夫的爱或者恨投射到儿子身上，在"头脑更不清醒"的时候还会和儿媳妇争儿子的爱，如果争不过，对儿媳妇产生不满甚至是恨就在所难免。

情绪和情感

情绪和情感是主体的一种主观感受。

既然情绪和情感是主观感受，那么我们就应该知道很多时候对改变客观环境是无能为力的，但是主观感受却是可以改变的。

我经常对伴侣发脾气，情绪不稳定，怎么办？可以改变吗？

我们的情感出现了问题，我想挽回，可以吗？

我老公对我不理不睬，我又不想离开他，怎么办？

关于情感和情绪这些主观感受方面出现的问题，我们都是可以改变和调整的。当然，要想改变，你首先要具备改变的能力，如果没有，就要找有能力的专业人士帮忙或者通过自学提升自己的能力。

我们每个人的情绪都有一个按钮，就像火箭发射一样，只要有人按动这个按钮，我们就会大发雷霆或是痛哭流涕等。你知道你的情绪按钮在哪里吗？

当你的伴侣对你说起你父母的不好时，你的内心马上就会生起一股愤怒，尽管对方讲的是事实，但是你却不能接受，你会认为这是对父母的攻击和否定，于是便用更高强度的情绪对伴侣进行了回击。假设我们和父母之间的情感依恋或者情感连接是100分，但这并不代表我们的父母是100分，如果我们能够把这两者在头脑中区分开来，当伴侣在客观评价父母时，我们要知道那些都是真实的，这并不会影响你和父母的情感。我们的愤怒很多时候来自内心的恐惧，这种恐惧是一种害怕失去的担心，我们害怕连接的受损，害怕依恋的对象会被别人剥夺，我们要用愤怒去回击和保护这条情感纽带。

每一个行为的背后都有一个认知在支持，我们要想改变我们的行为，首先要知道这个行为相对应的认知是什么，接下来就是一点一点调整这个认知，行为也就会慢慢改变。你不喜欢老公去喝酒，于是你老公只要喝酒你就会和他大闹一场，但是这样并没有改变你老公的行为，你也被这件事搞得筋疲力尽。我们改变一下思路：首先分析下我们为什么会对老公喝酒这件事这么愤怒，是因为我们的大脑中有一个认知或信念，这个认知或信念是根深蒂固的。这个认知或信念也许是喝酒一定会伤害健康；也许是在潜意识里，你认为喝酒这个行为会剥夺你老公对你的爱或是破坏你们之间的关系；也许是……

当我们首先能够看到或觉察到这一份执念时，我们的愤怒就不会像之前那么强烈。我们接下来就要反思：这样一直愤怒下去不但对自己的健康不好，也改变不了他的行为，那该怎么办？

也许你老公喝这点酒并不会影响到他的健康，即使有也是在可控范围之内，就像不是所有爱运动的人都是健康的，也不是所有不爱运动的人都会生病，你知道大部分专业运动员是满身伤痛吗？你知道人和人的体质是有差别的吗？如果有一天你的老公真的不去喝酒了，那么他可能是培养了打麻将这个新的爱好，玩多了还有可能会赌钱，那是你更不愿意看到的，所以适当地有点爱好还是可以的，如果什么都不让他做，他可能会活得很压抑。也许你可以让老公戒酒，但是你们的夫妻关系却疏远了，这样是捡了芝麻丢了西瓜，得不偿失，如果喝酒真的会影响到他的健康怎么办？那你就和他约法三章：第一，每周出去喝几次酒要达成共识；第二，每次喝酒不能超过多少量；第三，每一年或者半年去检查下身体，尤其是对肝脏的检查。

当你一点一点去反思、去调整自己的认知时，这些执念就会慢慢松动，你的情绪也会慢慢减少，当你彻底改变时，你的老公也会随之改变。就像一个孩子不想吃饭，一直想出去玩，一种是不让他出去玩逼迫他在家吃饭，这样估计他饭没吃好，玩也没有玩成，还一肚子的愤怒和不满；另一种是让他出去玩，人总有玩累玩烦玩得没意思的时候，这时他就会回来找你要水喝要饭吃。所以，要给自己一分耐心，给老公一些时间，当你足够沉得住气，当你足够能够包容对方，当你能够自我改变时，对方自然也会因你而变，这才是掌握了人生的主动权（主动去调整和改变），而不是强迫对方去改变，影响力比掌控力更重要，更需要智慧。

如果你的伴侣提出和你离婚，但是你想挽回，怎么办？其实挽回这两个字不是那么恰当，有句话叫"过去心不可得"，你要挽回的就是这颗"过去心"。如果你还是过去的你，他还是过去的他，那么你觉得即使挽回了还能过好吗？

所以，想要拯救你们的婚姻只有一个方法就是"重生"。这个"重生"不在过去，在当下、在未来。现在都有离婚冷静期，如果你真的要挽回，就要在这一个月的时间里"重生"。这个"重生"就是重新和你的伴侣开始一段恋情，而你一定不能是过去的你，既然都走到离婚的地步了，那么两个人基本就是陌生人了，如果你能以一个新的陌生人的状态和你的伴侣重新开始谈半年的恋爱，那么挽回就是有希望的，重生也是有可能的，否则即使挽回也只是延续过去的不幸福而已，何必要骗彼此和耽误彼此？如果你没有改变自己，也没有浴火重生的决心和能力，那么还是不要挽回吧，因为那是徒劳！

看到自己对伴侣的情感是一部分，看到你不适合人家也是一部分，如果能够分辨这两个部分，那么就学会了慢慢放下。橱窗里有一件你特别中意的衣服，但是你太胖了，如果真心想要拥有，就要下定决心减肥，而不是硬生生地把衣服套在自己身上直到把它撑破，还哭哭啼啼地说即使破了，你还是很喜欢，你还想穿……

也许你在父母的婚姻中看到了不和谐、不幸福，也许你在之前的亲密关系中被背叛、被伤害，这些经历在我们的内心都是一种创伤，这种创伤我们不愿再遇到甚至不愿想起，这是未被疗愈的甚至是未被看到的创伤。于是在我们的亲密关系中，一旦发现伴侣的"风吹草动"就会神经紧绷甚至会有很大的情绪波动，因为我们不愿再面对或者承受同样的痛苦。我们为了避免这份痛苦变得小心翼翼，变得敏感脆弱，似乎情绪始终在崩溃的边缘。如果这份创伤影响到了你的生活甚至造成了亲密关系的障碍，那么最好的方式是找专业的心理咨询师去处理这份创伤，就像感冒可以自己在家吃点药，但如果是身体里面长了肿瘤，最好还是去专业医院做手术，因为这种情况你自己已经处理不了了。

∗ 伤害婚姻

六不

如果在婚恋中两个人之间出现了不尊重、不理解、不支持、不包容、不同步、不沟通，那么每一项都会影响到你们的亲密关系。

不尊重对方，一是因为你的思维系统里有一些陈旧的根深蒂固的信念或者认知偏差，还有片面的甚至错误的观念需要剔除或升级，比如重男轻女、有钱就是优秀、朋友比家人重要、女子无才便是德、女人就应该照顾家庭等；二是伴侣中一方的社会地位或收入大大提升，内心产生了骄傲甚至傲慢，慢慢地对另一方产生不满，导致不尊重的产生。

不理解主要来自以下三个方面：第一个是人与人之间不同的认知，每个人来自不同的家庭背景和成长环境，因此就会形成不一样的思维模式；第二个是男人和女人的不同，性别的不同会产生不同的行为模式；第三个是身份角色的不同，当每个人扮演不同的身份角色时就会出现不同的角色表现。接下来的重点是我们能不能及时觉察到这些现实因素，进而对伴侣的思维和行为做出理解，如果只是站在自己的人生经验、性别特征及身份角色上去思考和判断对方的言行，那么就会出现不理解的情况，也会让彼此的关系和沟通产生问题。所以，不理解是从认识不到彼此的不同开始的，理解是从承认彼此的不同开始的。

不支持对方，一是你对伴侣以及要做的事没有充分的信心，二是你对伴侣以及要做的事不认可，三是你担心承受不了失败后的结果，四是你不想承受失败的后果。

不包容对方，一是你不够爱对方，二是你的内心或格局不足以支撑你去承载一些人和事，三是你的思维模式里有一些看不到或看不清的地方。

不同步指的是一方从之前的 5 分增加到 10 分，另一方却还是 5 分，10 分的和 5 分的都会抱怨，10 分的抱怨 5 分的不懂事，不明白、不支持、不理解他，5 分的抱怨 10 分的不关心、不陪伴甚至不爱他了。这种不同步如果不去解决，时间长了，10 分的难以抗拒内心的膨胀和外部的诱惑，5 分的不能抑制和转化内心的不满和情绪，婚姻想要继续走下去就会很难。10 分的内心会有一些骄傲和优越感是正常的，但是这种骄傲和优越感要正确看待，5 分的内心不满的深层次的原因来自潜意识中的不安全感。解决方法：一是两个人都达到 10 分，达到同步；二是两个人的心智模式都能够看清楚当下和彼此，心态上都能够接受彼此的选择或变化；三是两个人本来就是这样的家庭分工，对这样的结果要有预期，对将要出现的和可能出现的状况彼此也要有预期，是可以接受的。

不沟通，一是因为不会沟通，缺乏沟通的能力；二是把不沟通作为一种"武器"对伴侣进行惩罚；三是被外在的东西所牵绊，挤压了沟通的时间；四是沟通不畅，甚至是越沟通问题越大，干脆就不去沟通了。

惩罚

对伴侣有一些适度的要求是正常的,但我们不得不承认我们内心的很多需求在很多时候是得不到满足的。当需求得不到满足时,人就会产生情绪,这些情绪如果不能得到很好的处理,就会转化成其他形式,比如通过外在形式去填补内心未被满足的需求,惩罚对方就是一个表达内心不满的外在行为。

不沟通是一种惩罚,不过夫妻生活也是一种惩罚,当然,不做饭、不做家务也是一种对伴侣的惩罚。这些行为看上去有点像员工提出加薪的需求,老板没有答应就要罢工的感觉,你细想一下,这样做就是把伴侣关系转化成了一种雇佣关系,惩罚不是夫妻的相处之道。

家暴

如果伴侣之间出现暴力行为,受害人要在保护好自身安全的前提下,寻求警察的帮助还有法律的援助。家庭暴力包括身体暴力、性暴力、精神暴力和经济控制四种类型。

(一)身体暴力:是加害人通过殴打、捆绑受害人或限制受害人的人身自由等使受害人产生恐惧的行为。

(二)性暴力:是加害人强迫受害人以其感到屈辱、恐惧、抵触的方式接受性行为或残害受害人性器官等的性侵犯行为。

(三)精神暴力:是加害人以侮辱、谩骂或者不予理睬、不给治病、不肯离婚等手段对受害人进行精神折磨，使受害人产生屈辱、恐惧、无价值感等的作为或不作为行为。

（四）经济控制：是加害人通过对夫妻共同财产和家庭收支状况严格控制，摧毁受害人的自尊心、自信心和自我价值感，以达到控制受害人的目的的行为。

家庭暴力在现代婚姻中并不少见，而且近年来施暴者不仅仅是男性，也出现了女性的身影。

不是所有存在家庭暴力的家庭都会选择离婚，有些被施暴者出于种种原因选择隐忍和逃避。

人和人之间的平等是人生活在这个世界上的权利和需求。在婚恋中，伴侣因为彼此的爱恋和亲密，也许会有适度的隐忍和退让，但是在家暴面前要勇于说"不"，对施暴者不要抱有任何侥幸心理，要懂得运用一切能运用的方法保护自己的安全和尊严。

需求

叔本华说："人生就是一团欲望。当欲望得不到满足便痛苦，当欲望得到满足便无聊，人生就像钟摆一样在痛苦与无聊之间摇摆。"

如果把欲望翻译成人的需求，那么当我们的需求被满足时就会感到快乐，但是快乐是有时效性的，当快乐消失就会感到无聊，这时新的需求就会产生，如果没有新的需求我们也要创造新的需求，否则还是会无聊。

当需求没有被满足时自然就会痛苦，在婚恋中我们能够满足伴侣的需求吗？我想这个世界上再有能力的人也无法满足爱人的所有需求，尽管你是那么爱对方。

那么我们应该怎么正确看待和对待我们的需求？

第一，我们要认识彼此的需求，要知道什么样的需求是合理的，什么样的需求是不合理的，什么样的需求是对的，什么样的需求是错的，什么样的需求是在能力承受范围内的，什么样的需求是在能力承受范围外的。

当你能够分辨出是合理的、对的、在能力承受范围内的需求时，你的需求清单上可能就会减少一半，从另外一个层面理解，你的快乐也随之多了一半，痛苦随之少了一半。

第二，需求是可以不被满足的，就像我们要允许人生有痛苦一样，尤其是允许自己的人生有痛苦。要知道，大部分快乐来自对比，没有痛苦的对比，你就不知道什么是快乐。这就是为什么老一辈的人幸福感比我们要强，因为他们经历了很多艰难困苦，现在的一切都是他们未曾见过的甚至想象不到的。年轻一代一出生就生活在需求被满足甚至是被过度满足的环境之中，快乐和幸福感自然没有老一辈的人强烈。

第三，在父亲那里可以得到父爱，在母亲那里可以得到母爱，在伴侣那里可以得到爱情，我们要知道需求是各不相同的，我们也要知道不同的需求要找对应的人去要，而不是南辕北辙，在爱人那里要父爱或母爱。

出轨

近些年在婚恋的个案中，劈腿、出轨的案例所占比例越来越多。对于任何现象，我们首先要分析它的环境和社会因素，其次才是个人的因素。出轨既是一个简单的生理需求未被满足从而外求的生理现象，又是一个复杂的心理现象，同时我们的身心有时是一体的，有时又是分离的。发生外遇有时仅仅是生理需求，有时又会从生理需求发展成情感需求，有时表面的生理需求背后是情感上的未被满足，有时既有生理需求又有心理需求，有时……

我们看下出轨的原因和种类就知道这不是一个简单的现象，而是一个复杂的需要多层面多角度去分析去对待的两性关系问题。

（一）生理原因。女方孕期或一方因身体疾病等生理原因导致的没有性生活，无法满足另一半正常的生理需求时，都有可能导致另一半去婚外寻求生理上的满足。

有性生活但是不和谐，其中有一些是对异性不太了解，缺乏生理学基本常识导致的。有一些是情感上的原因导致性生活质量下降，比如不是很爱对方。你可以和爱人保持正常的性关系，但是接吻却不是每次都伴随着性关系发生的，接吻减少就是爱的激情渐渐退去的表现。你可以和陌生人发生性关系但是你却很难和一个不喜欢的人接吻，接吻比发生关系更能体现两个人之间生理和心理上的需求程度和深度。

（二）寻求刺激。两个人在一起生活时间久了就会感到平淡和乏味，为了摆脱这种内心的无聊和乏味，出轨就会成为一个选项，尽管出轨会带来风险，但恰恰是这种风险带来的刺激是他内心所需要的。

（三）关心减少。当伴侣中一方的焦点放在工作或孩子身上时，对于另一半的关心自然就会减少，这部分没有被满足的情感需求就有可能会通过向外寻找以获得满足。

（四）释放压力。当人在遇到无法承受又无法释放的压力时，作为港湾的家庭也无法帮助自己减压，又或者是这种压力本身就来自家庭，这时如果有位异性能够理解自己并帮助自己排遣这种压力，那么婚外情就会自然而然地产生。

单单从性行为的生理因素上分析，与第三者发生性行为本身也会带来心理压力的释放，虽然它并不能真正意义上缓解你在现实中的压力，就像喝酒不能解决任何实际的问题，但是在酒醉的过程中你会得到心理上暂时的麻痹和放松。

（五）一时"性"起。这种类型带有一定的偶然性，但是我们要知道所有的偶然性背后都有某种程度上的必然性。比如"一夜情"的发生，表面上看是有一种偶然性的存在，其实背后是侥幸、猎奇、寻求刺激等心理带来的必然结果。

（六）追求爱情。有的人没有那么相爱甚至没有爱情，仅仅是因为彼此之间利益价值的匹配走进婚姻；也有的人彼此相爱但是婚后被各种琐事搞得筋疲力尽，在这两种状况之下都有可能去婚外寻求新的情感关系。

不以爱情作为基础的婚姻是存在重大隐患的，在婚姻中彼此相爱的两个人没有处理婚姻琐事的能力也是极其危险的。遇到爱情有运气的成分，但是经营爱情一定靠的是你的能力。

（七）认可需求。在外遇对象那里我们可以获得内心的愉悦，这种愉悦来自自己在对方眼里是迷人的、被爱慕的、被珍视的甚至是被崇拜仰慕的。我们很多时候不是爱上了这个人，而是爱上了这种好久不曾感受到的愉悦，在这种愉悦中，自己再次成了那个年轻英俊或青春美丽的自己。这个被他人认可的"美好的自己"才是让我们真正迷恋的。

我们要学会为爱情保鲜，如果进入婚姻后就忘了恋爱时的浪漫，减少了给予对方赞美和肯定，甚至赞美和肯定都变成了指责和批评、否定和打击，试问这样的爱人谁又想要？这时如果在另外一个异性那里自己又成了被赞美、被肯定、被认可的对象，那么情感的天平就会偏向第三者，与其说是伴侣出轨第三方，不如说是你主动把爱人推给了第三方。

（八）成瘾行为。外遇给人带来的兴奋感受（刺激、罪恶、危险、秘密等）会让人麻醉，当这段关系持续性地给予你正面的外部回馈和刺激（仰视、崇拜、珍视、呵护等）时，人对外遇就会像对某种药物上瘾一样。其实让人上瘾的并不是外遇对象，而是这段秘密恋情所产生的"瘾"。这种"瘾"是一种大脑的化学反应，只要和那个人在一起时，大脑就会释放多巴胺、肾上腺素和血清素，这三种化学物质会让人坠入情网。

（九）原生家庭。如果你原生家庭的父母关系是冲突的甚至已经离异，就有可能对你的婚姻观产生负面影响。有很多婚外情的产生，本质上是因为当事人在潜意识里对婚姻存在偏见。

这里有一点要注意的是有可能会产生影响而不是一定会，如果离异家庭的父母能够做好自己的父母角色，并且没有在孩子面前指责对方的不好，而是给孩子以正确的、积极的引导，那么孩子也是可以成长得很好。反过来，在很多没有离异的家庭，家庭生活每天都是鸡飞狗跳，或者父母每天在家里打麻将顾不上照顾孩子，这样看似完整的家庭对孩子的婚姻观同样是有负面影响的。

现在很多关系破裂的夫妻一谈到离婚，第一就是担心对孩子会不会有影响。影响一定是会有的，但如果你足够智慧的话，这个影响可以是很小的，甚至原本负面的影响可以变成正面的影响。如果为了孩子维持着名存实亡甚至是彼此抱怨、天天争吵的婚姻，那对孩子的影响会更大。

（十）不加约束。现在越来越多的人对婚前性行为不以为意，一些男女在婚前有过很多次的性行为。有研究表明：婚前性行为越多，婚后越有可能发生婚外情。假如一个人在年轻的时候就不洁身自好，那么他婚后也不会怯于越过道德的底线发展婚外情。

（十一）补偿心理。在伴侣关系中，如果一方在另一方那里长期得不到某种满足，或者夫妻感情不合，就会从第三方寻求自我满足。

（十二）亏欠心理。曾经谈过恋爱的男女因为种种原因没有走到一起，各自婚后依然在心里给彼此留有位置，直到有一天二人旧情复燃，各自成为对方婚姻里的第三者。

我们在婚前就要对伴侣之前的情感经历和情感对象进行评估，如果之前的恋情在对方的内心深处还有羁绊，那么为了伴侣，更为了自己，对于是否走进婚姻还是要慎重些。

（十三）金钱诱惑。君子爱财，取之有道。在现实生活中，往往有人走的是第三条路，为了从第三方那里获得金钱而选择出轨。

（十四）颜值吸引。爱美之心，人皆有之。有的已婚人士见到美女帅哥除了喜欢还想拥有，于是就会发生更深入的关系。

（十五）报恩心理。对于第三方的帮助无以回报时以身相许，这种现象虽然很少见，但在现实生活中确实存在。

（十六）报复心理。对于伴侣的出轨行为自己也选择通过出轨进行报复，当然，也有可能是在其他方面有诸多不满，通过出轨来进行报复。

（十七）好奇心理。对于婚外情的好奇促使产生婚外情行为。

（十八）快乐主义。一个以自我为中心，以自己的开心快乐为目标并且不顾及道德法律的人会通过婚外情来满足自己的快乐需求。

（十九）相悦心理。两个人在长期的交往接触中暗生情愫，最后不惜付出背叛家庭的代价走到一起。

（二十）互利心理。有现实利益上的交换，也有可能是情感上的互相慰藉。

（二十一）寂寞孤独。当伴侣只是生活在一起却没有心灵上的沟通与交融，内心的孤独寂寞无法排遣时，通过婚外情消除这种孤独寂寞就成了自然而然的结果。

（二十二）从众心理。不得不承认我们很容易随着周围的环境和人随波逐流，当你社交圈子里的很多人有婚外情时，你内心对于出轨的罪恶感就会有了某种程度的降低，认为大家都这样我去做也没有什么。所以选择好的社交圈子和交往的人对一个人和他背后的家庭是多么重要。

（二十三）迷茫不安。当一个中年人开始思考人生，反观自己的婚姻生活时，常常会产生一种危机感，这种中年危机会让人感到迷茫和不安，有时为了抵消这种迷茫和不安，婚外情就有可能成为一个选项。

（二十四）过度自恋。过度自恋或极度自卑的人都有可能通过占有更多异性来满足自己内心的需求，这种需求更多的是心理上的并非情感上的爱恋需求。

（二十五）恐惧关系。两个人的关系越深，对爱人的需求就会越强，为了不让自己过度在乎夫妻关系，就会通过婚外情去逃避婚姻内的关系。这种人的潜意识中有对关系深深的恐惧感。

（二十六）缺乏安全。如果有几个伴侣，万一有人背叛我还有别的人，这样自己就不会害怕没有人爱，这是一种因内心的不安全感导致的出轨行为。

（二十七）强迫重复。强迫性重复童年的痛苦，用错误的性方式建立亲密关系，同时再次验证别人只是把自己当成工具人，而不是爱自己。

（二十八）死亡恐惧。为了对抗自己内心对于衰老带来的恐惧，在婚外寻找年轻的异性满足自己的需求，因为这种征服感让人觉得自己依旧年轻，依旧充满青春和活力。

（二十九）逆反心理。逆反心理一般指的是处在青春期的孩子对周围环境和人的对抗心理。其实在婚恋中，我们如果对另一半是苛刻的、严厉的甚至是压制的、批评指责的，这时对方的内心就是压抑的、冲突的，当内心的痛苦无法释放时，婚外情就会成为一种对抗压制的方法，我表面上对抗不了你，那我就通过背地里做些你想不到的事来证明我自己的价值。

很多时候，婚外情不是单一的心理或动机造成的，大部分时候既有生理上的需求，也有情感上的缺失。

发生婚外情的家庭一定会选择离婚吗？答案是不一定的，女性出轨的比例相对少于男性，当女性出轨时男性选择离婚的比例要大于男性出轨时女性选择离婚的比例。

发生婚外情的家庭即使没有选择离婚，在以后的生活中，彼此内心也会心存芥蒂，有些婚姻是名存实亡，夫妻成为生活在同一屋檐下的陌生人，也有些人把这件事变成争吵时攻击对方的有利"武器"。

有没有发生了婚外情，夫妻还能继续过下去，而且过得还不错的？我想应该是有的，但一定是少数，毕竟彼此忠诚是婚姻幸福的重要因素之一。能够处理好这些事情，需要夫妻两个人共同的智慧并视婚外情的具体情况和严重程度而定。

还有一种观点是从另一个角度看待婚外情的（这里出轨一方主要指的是男人）：每个人除了工作生活外都需要有自己的一些兴趣爱好，这样既能丰富业余生活，也是排解压力的渠道。于是有些人喜欢写字，有些人喜欢钓鱼，有些人喜欢唱歌跳舞，也有些人喜欢喝酒、喜欢抽烟、喜欢打游戏，这些人对家庭是有照顾和付出的，而且他们未必会放弃自己的家庭，外面的人对他们来说是一种娱乐，他们有自己的一套方法和规则。作为妻子，你如果遇到这样的爱人该怎么抉择？

怎么选择是每个人的权利，我想从另一个角度去分析：如果你的爱人有自己的爱好，只要不影响家庭，不破坏关系，即使你不支持也不要反对，更不要限制甚至绝对不允许，就像鸟笼里的鸟，你可以关住一个人，但是你关不住他想飞的心。很多男人抱怨说："我既不抽烟又不喝酒，还不能让我打打游戏吗？"你想想，如果一个男人唯一的爱好或娱乐方式都被你限制了，那么他的心就会离你越来越远甚至会发展出另外一个更可怕的"兴趣爱好"。有时候成功是被逼出来的，意外也有可能是被逼出来的，千万不要把自己的爱人推向家庭之外，这样做绝对不是一个聪明人的行为。

第五章

案 例

LOVE

＊ 对话

一

问：我和我老公结婚10年，感情一直很好，最近这几年我一直在学习提升自己，但是我老公却是原地踏步。因为这个，我们之间的关系有些紧张，甚至会有些争吵，请问我该怎么做才能让我老公和我一样学习提升？

答：第一，如果是你的老公问我同样的问题，我该怎么回答？你该怎么回答？

第二，你是在隐晦地问我怎么样让你老公能够按你想的去做？

第三，你是想要得到一个可以掌控你老公的方法，假如你的老公也想这样掌控你，请问你愿意吗？

回应：我不愿意，我喜欢自由（笑）。

二

问：我40岁了，一直没有走入婚姻，谈过几个男朋友都分手了，现在有一个男朋友在一起几年了，但就是无法结婚，男朋友也有催我，请问我该怎么办？

答：你和你父亲的关系怎么样？

回应：非常好，我是独生女，我的父亲非常爱我，把我捧在手心里。现在他身体不好，坐轮椅了，每次回到家我还会坐到他的腿上，抱着他。

答：在你的内心，理想的伴侣是怎样的？

回应：就像我的父亲一样，宠着我，把我像公主一样捧在手心，但是这么多年没有一个男人能够做到，说实话，我觉得我交往的男朋友都比不上我的父亲。

答：你不能进入婚姻的答案找到了。

三

问：其实我内心挺看不起我母亲的，我的母亲很小气，花钱很抠门，而且和邻居还有村里的其他人有过冲突。

答：你们家里的经济条件怎么样？家庭成员有哪些？

回应：我们家在农村，我姐弟三个，我是老大，母亲一直在家务农带我们三个，父亲常年在外地打工，偶尔回家。

答：你想象一下，在农村，一个家庭妇女，除了务农之外，还要带三个孩子，父亲是帮不上忙的。你的母亲常年一个人在家，她是个女人却要兼任男人的角色，如果她不强硬怎么能保护好这个家，而且她还有被别人骚扰的可能,因此和他人发生冲突也就在所难免。你们全家五口都要靠你父亲一个人在外干活的收入维持生活,三个孩子还要读书,你还考上了大学,如果不精打细算,这个家怎么能够维持下去。你的母亲也想大方花钱,也想与人为善,可是现实不允许,或者说她是为了这个家才会这样做,你觉得呢?

回应:……(热泪盈眶)

四

问:我的男朋友对我家暴,我该怎么办?

答:可以讲讲细节吗?

回应:就是我们争吵的时候他会推我,嗯……当然是我气不过先打了他一个耳光,他才推我的……

答:那这是谁在家暴谁?我们是不是要重新定义?

回应:嗯……

五

问:我一直找不到合适的人谈恋爱,怎么办?

答:这是一个非常好的问题,也是很多适婚青年普遍存在的问题,在找到合适的伴侣之前,我们首先要搞明白三个问题。第一,你想找伴侣的意愿有多强，满分 10 分的话，你给自己打几分？第二，你在找伴侣这件事上投入了多少时间和精力，使用了怎样的方法，利用了哪些资源？第三，什么样的伴侣才是合适的伴侣，适合你的伴侣你是否也适合对方？

当一个人对自我及异性的需求有清晰且现实的认知，有足够的意愿并愿意投入足够多的时间和精力及调动一切所能够调动的资源来寻找伴侣时，找到合适的伴侣只不过是个时间问题。

✳ 现象

不再被骗

我们在很多新闻报道里会看到这样的事件，内容大概是这样的：某女子遇到一个单身优质心仪男，交往同居后该男子就以各种理由向女子借钱，在男子无法归还后，女子开始怀疑，经女子调查发现该男子不但已婚，而且和她同样受害的还有其他多名女子，该女子于是报警。

以上是我把这些案例的共同点提炼出来的一个精简描述，一般情况下都会从受害女性的角度去分析，今天我们先从另外一个角度去分析，也就是案例中这个被大家称作"渣男"的角度。

第一，一般女孩子会喜欢什么样的男孩子？答案是外形帅、懂女人、疼爱另一半，还要有经济实力。渣男是非常清楚这些女孩子的内心需求的，这些渣男的外在形象基本是中等偏上的，再加上是已婚男，相对有经验，懂得怎么和女性沟通，但是这种渣男的共同点是经济状况不好（这是他们走上这条歧路的动机之一），所以要把自己伪装成成功多金或家境殷实的样子。这样的包装就完全符合了女性的心理需求：帅、懂女人、有实力。

第二，渣男有了骗钱的动机，也有了骗钱的"能力"，那么什么样的女性会是他们的目标呢？首先是单身，恋爱经验少，心比较大的女性；其次是要有一定经济实力的女性。如果你符合以上两点，那么很不幸，你很可能就会成为被骗对象。

第三，具体的操作过程通常是先凭借自身"优势"吸引女性，再交往发生关系甚至同居，最后一步就是以各种理由借钱，如家人生病急需用钱、生意周转不开等。

接下来，我们从受骗女性的角度来分析。

第一，茫茫人海中终于找到了一个"高富帅"，而且对自己又爱又体贴，那么自己必然要全心投入，好好珍惜。不承想，天上不会掉馅饼，好事来得太快太突然最有可能是个坑。

第二，处在热恋中的女性往往防范意识比较低，如果你还是一个心大的女孩，恋爱经验和社会经验又相对有限，那么对于渣男编造的各种借款理由自然是缺乏判断力。

那么怎样去防范遇到这样的渣男呢？

第一，要对自己有一个客观判断，如果自己是个普通女孩却收到"高富帅"的表白时，要多问几个为什么，还要和家人朋友多沟通，听听周围人是怎么看的。

第二，在有金钱往来之前，要确认清楚几件事情，首先要知道对方工作的单位，并且一定要亲自去公司探班，最好是可以和对方的同事一起吃饭聊天；其次要认识对方的好友，还要参加对方和好友的聚会；最后还要见对方的父母，和他们有面对面的交流。如果对方以各种理由拒绝，那么你就要警惕了，而不是等对方借钱不还后才加以警惕。

我们用最简单的逻辑分析：一个男人好不容易找到了自己心仪的

女孩，这时候一定是"激动的心，颤抖的手"，恨不得自己的家人朋友赶快知道这个消息，跟他们分享自己的喜悦。如果他反其道行之，以各种理由不带你去见他的同事、朋友和家人，而是开口向你借钱，那么你就要在心里打一个大大的问号，在没有解决这个问号之前千万不要做傻事。

还有一点需要注意的是，渣男一定是了解女性此时的另一个心理活动的，那就是不借钱给自己就有可能会失去自己，因为"高富帅"不是天天能遇到的，而且遇到本身通常也是事出反常必有妖。

第三，怎样判断一个人是否已婚，其实很简单。热恋中的人恨不得24小时黏在一起，但是已婚男人在周末和节假日是需要陪老婆孩子的，很难分出身来，尤其在中秋、春节这样大的传统节日里，如果他不能陪你，那么大概率就是有问题了。

如果他不能陪你还说是在出差或者加班，那么你就在深夜给他来个视频电话，几次不接甚至找各种理由拒接，那么你就要加倍小心了。

婚恋模式

在现实生活中，我们可以看到很多优秀的女性成了大龄"剩女"，很多农村男青年成了大龄"剩男"。

我们简单地把人按照财富和地位分为ABCD四等。我们的文化传统里有"娶妻当不如己，嫁夫当己不如"，以及男人都爱面子，希望老婆不如自己优秀等观念，所以A男会选择B女，B男会选择C女，C男会选择D女,最后剩下了A女和D男。那么多金女和贫困男是符合以上规律的。

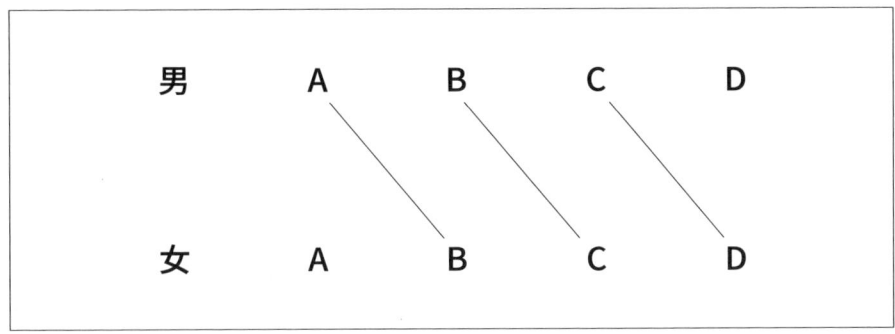

图 5-1 A 女 D 男组合

在我接触过的婚恋个案中确实存在优秀女性择偶难的情况,尤其是在一线大城市。我来自农村,当我回老家时也看到了村子里确实有很多大龄男性找不到合适的对象的情况。

在婚恋中,财富确实是非常重要的考量条件,却不是唯一的也不可能成为唯一的考量条件,就像很多相亲桥段里演绎的:一见面就问你有没有房,有没有车,我想这是在走极端,也是对婚恋理解得太片面化了。

如果在婚恋中只考虑财富和地位,那么婚恋的匹配就简单多了,但现实中婚恋是复杂的,是要全面考量的。另外很多相亲桥段很可能把婚恋的顺序搞颠倒了,首先要看两个人有没有眼缘,而不是关注对方有没有财富,一见面就问有没有车有没有房,不但颠倒了顺序,而且是很没有礼貌和涵养的表现,这样的表现怎么能让对方产生感觉,只会让对方产生不安全感甚至是厌恶情绪。

　　当然，你也可以说社会就是这么现实，但是这个现实在婚恋中是帮了你还是给你设置了障碍呢？我们不能被一些博流量、博眼球，甚至哗众取宠的宣传迷失了自己的判断和本心。就像你去一家公司面试，总不能开口第一句话就是问公司能给你开多少钱，没有达到你的预期接下来就不要谈了。这个比喻和婚恋还是有些相同之处的：第一，都是双向选择；第二，一开始肯定要彼此了解；第三，在彼此了解并有了需求意向的基础上，然后才是谈薪资。也许薪资并没有达到你内心的期许，但是你觉得平台的发展空间和升职加薪的机会都是存在的，那么你也会相应地降低条件。一上来就谈钱相当于给彼此设置了一个高门槛，而且门里面的更重要的东西你根本就没有看到。

　　试问一个虽然拥有财富，道德品质却不佳甚至还有劣迹的人；一个拥有财富却惜钱如命，一毛不拔的人；一个拥有财富，却不专一的人，你会选择对方吗？

　　在婚恋中，人永远是第一位的，能力是第二位的。

　　财富是人的一部分，是一个人具体能力的一部分，也是生活质量的重要保障，但我们也要明白，财富只是一部分，而我们是要综合考量一个人的，不能以偏概全把财富当成了全部，甚至认为财富越多越代表这个人的各个方面都是好的，而且还很笃定地在这条错误的道路上一路狂奔，最后只能是自食其果。

　　接下来，我们再分析下除了 A 女 D 男外的其他几种组合类型。

（一）门当户对

门当户对一直是我们大家心目中的理想型婚恋匹配，双方的家庭、文化、教育背景都是差不多的，这样彼此会有更多的共同语言，更有利于恋爱、婚姻和家庭的发展。然而，这个世界上没有完美存在，门当户对也有隐形的弊端：

第一，我的一个来访者抱怨和恋人之间没有惊喜和激情，原因是双方的背景经历差不多，了解对方就像了解自己一样，这样的结果就是满足不了人内心对差异性的好奇和探索。

第二，两个都非常优秀的人很难给到孩子足够多的陪伴，这还可能成为双方的矛盾点，因为优秀是需要以付出大量的时间和精力为代价的。有人说让父母或者请保姆带孩子都是很好的解决办法，但我们要明白一点，无论是谁来带孩子都无法替代亲生父母的陪伴。

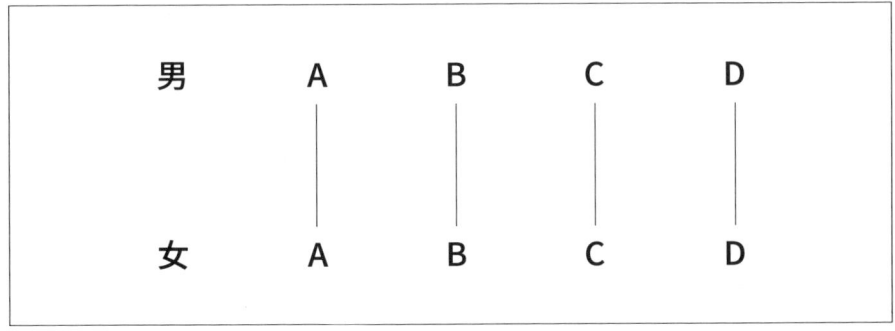

图 5-2 门当户对组合

（二）A 女 D 男和 A 男 D 女

A 女 D 男和 A 男 D 女这两种情况虽然在现实生活中占比很小，但确实存在。正因为占比很小,所以才会引起大家更多的关注,而且也符合人类潜意识中灰姑娘遇见王子的想象以及不少影视剧中霸道总裁爱上傻白甜的桥段。

这样的组合对双方来说都是巨大的挑战,也会遇到很多困难和阻力,但既然两情相悦,那么彼此心里必然有巨大的动力在推动爱情开花结果。婚恋本就没有一个标准和模板,把日子实实在在过到彼此心里才是最内核、最真实的幸福。

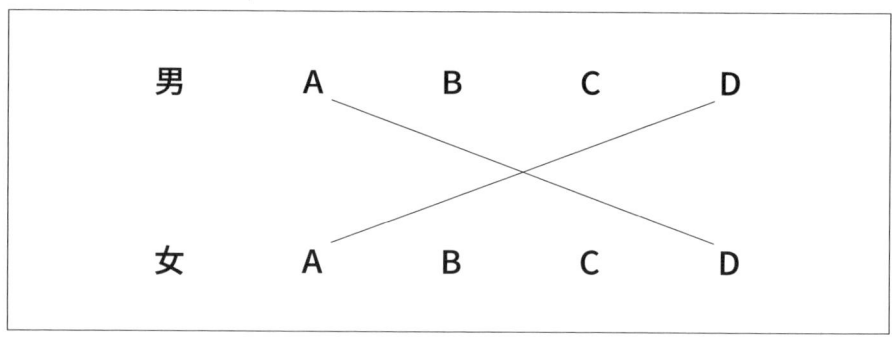

图 5-3 A 女 D 男组合和 A 男 D 女组合

不想结婚

在婚恋个案里有这样一种类型:不想结婚。经过访谈发现,当事人不是不想结婚,而是不敢结婚。为什么不敢走进婚姻,因为潜意识里不相信婚姻,害怕婚姻。

这些人的原生家庭有一些共同点:第一,在自己小的时候经历了父母离异,而且在父母离异后照顾自己的一方过得并不好,更有的父母在孩子的成长过程中一直批判另一半。第二,父母虽然没有离异却过得并不和谐,轻则吵架,重则家暴。第三,自己成年后看到周围的亲戚朋友有离婚或过得不幸福的,内心就更加印证了自己认为婚姻不幸福的判断。

还有一部分人走进了婚姻,结果却和自己的父母一样,不是离婚就是过得不好,仿佛是在重复父母的人生。

当然这不是说所有离异家庭中长大的孩子都会恐惧婚姻或离婚。我们分析的是一些个案,个案顾名思义就是个别案例,就像不能因为有人爬山伤了膝盖,我们就得出一个结论说爬山的人都会膝盖受伤一样。

对于这些根深蒂固的观念是很难去改变的,有些时候意识层面改变了,但要通过意识影响潜意识那又是一个艰难漫长的过程,而且还要在现实中的婚恋关系中过得越来越好才能让一个人由内而外彻底改变想法。

所以拥有一段健康幸福的婚姻是我们自己的福气也是子女的福气。大家说学习婚恋知识、完成自我成长重不重要?

伴侣类型

做个社会调查:很多男生不喜欢偏物质的女生,很多女生选择结婚对象时一定是选有一定物质基础的男生。这样就会出现选择的冲突,当下很多媒体宣传也让一些人在择偶时形成了物质至上的观念,这在一定程度上导致很多优秀的女孩子找不到合适的对象，很多普通的男孩子没有信心去追求理想中的女孩子。这种现象是不利于社会健康发展的，也无助于家庭的和谐幸福。

要想改变这种现状，最重要的是调整自己的观念：第一，在婚恋个案中我们遇到过很多优秀的女孩子找不到理想的结婚对象，这里的优秀主要指的是学历、外貌、财富、事业等。她们对择偶对象的要求首先是要比她们自身优秀，这是一个比较难跨越的门槛和阻碍她们婚恋的重要因素甚至是限制性的因素。要知道比她们优秀的男生本来就少，假设这个数量是10，其中有一些先天条件比较好的男孩子没有婚恋选择的压力，大多在适婚年龄就进入了婚姻；再假设这个数量还剩下5，这些优秀男生和优秀女生都有一个共同点，就是高学历和特别忙碌。与高学历相伴而来的就是毕业时大家的年龄接近30岁了，再奋斗几年，当事业上有所成就时就35岁左右了，这时问题就出现了，35岁左右的优秀男士和女士在择偶观上是有很大区别的：这时的男性基本不会选择同龄的女性，因为生育条件也好，外貌也好，她们已经不占优势，5个人中有3个选择了30岁以下的女孩子作为结婚对象。尽管还有2个人可以选择，但由于这些优秀的女性为了事业特别忙碌，没有时间交往，就算有时间交往也不好遇到合适的男性，因为总体可选择的对象数量少得可怜。这时又有新的问题出现了：时间不等人，随着年龄越来越大，可选择的空间越来越小，这些优秀的女性就会出现几种结果：第一种是干脆不结婚，坚持独身主义，用各种单身如何如何好的信念来武装自己；第二种是将离异的优秀男性作为结婚对象，但内心还是会有不甘；第三种是找年龄偏大但特别优秀的男性结婚，生理和心理上的差异将成为这种婚姻的巨大考验；第四种是可能会和优秀的但有家庭的已婚男性纠缠不清。

还有一种选择是大家因为限制性观念和心智模式的局限而没有去选择，但是可以选择的，就是找个同龄甚至比自己年龄小的单身的比较普通但却是个懂得尊重女性、知道照顾女性的男士作为结婚对象。这样的男士有很多，他们有一定的学历，没有什么不良嗜好，相貌也许不出众但是心态平和，在赚钱方面能力一般，他们没有经济实力为同龄的想要结婚的女性提供房子、车子和票子。要选择这样的普通男性作为结婚对象，我们要改变两个观念：一个是对物质财富的观念，一个是对伴侣的观念。

人在物质方面取得一定成就后就会更多地追求精神需求，当你在物质方面取得一定成就后，还要找一个物质更好的人不是一个明智之举，事实证明也不好找，所以你愿意放下对伴侣在物质财富方面的执念吗？你愿意把赚钱能力强代表优秀的观念，换成不一定或只代表优秀的一方面，而且这对于已经拥有财富的你来说不是最重要的，甚至不是一个重要的考虑项吗？你愿意和你的伴侣分享你的财富吗？就像他愿意和你分享他的体贴、包容和温暖一样。如果你能迈过对财富有执念这个坎，就会发现新大陆，就会发现你的选择很多。

我们再来看另一个观念。什么样的伴侣才是理想的伴侣？其实我们定义的所谓的优秀男士是不太能够扮演一个合格的丈夫角色的。你多看几部家庭伦理电视剧，就会发现有一类人是这样被刻画的：虽然财富很多，但却忙于工作，缺少对妻子的陪伴，错过了孩子的成长。这些所谓的优秀人士都会有一句经典台词："我不是一个好丈夫，不是一个合格的父亲。"但他是一个出色的企业家。如果找个普通男士，那么在这些方面的情况会恰恰相反，他没有太大的野心，也没有太大的能力，他最大的志向就是经营好自己的小家，陪伴自己的妻子和孩子。试问这样的人不是我们要找的好丈夫吗？至于财富，你已经拥有了，这样的互补不是挺好的吗？人不能太贪，完美是要不到的，大家在婚姻里各取所需也共享所得，才是现实的、摸得着的幸福！

事业型、家庭型、浪漫型、虚荣型……我们有很多种理论和方法可以把人分为各种类型，作为一个普通的男性，如果你在婚恋中从现实中败下阵来，那么你就要总结和调整你的婚恋策略，改变你的择偶观和人生观。这是从普通男士的角度出发，我们要改变的第二种观点：大学毕业、相貌平平、家庭普通却和谐有爱，但是因为满足不了同龄女孩在物质方面的要求无法走进婚姻，眼看就要到而立之年了，家人和自己都处于焦急甚至是焦虑之中，那么不如改变下自己的择偶观吧。找个事业型的优秀女性也是个不错的选择，当然你会担心对方是否看得上你，我想说的是尽管你没有财力，能力也平平，但是一定要提升自己的影响力。这个影响力就是你的心智应变能力和真心实意过日子的能力。体贴入微、呵护伴侣的能力和照顾家庭的能力都是你的优势，都是你的加分项。你要认同自己的优势，也要明白对方的现状，如果看明白了，你就知道其实这是普通剩男和优秀剩女的婚恋组合，这是一种新型的婚恋模式。但是作为男士，你要改变和接受的是：一个一心扑在事业上的女人，一个忽略家庭的女人，一个不那么小家碧玉的女人，一个坚强甚至有些强势的女人，一个需要你为家庭付出更多的女人，一个让你放下大男子主义的女人，一个也许会让你面对周遭质疑的女人……其实是一个和你很般配的女人，如果你能够接受这一切，她也愿意和你分享她的一切，那么这是一种非常幸福的婚恋组合。

当然，有些人会说这是妥协，这是没有办法被逼无奈的选择。我想说的是你的世界从来就是由你定义的，你非要坚持过去的自己，负面地、消极地看世界那也是你的选择，那只能祝福你。如果你想要过得更好一些，改变才是唯一的方法。就像早上出门时发现小区门口的路突然被封了，无法开车上班，这时你选择了骑自行车去公司，你可以解读为被逼无奈，甚至内心还有抱怨和愤怒，但是你也可以换个思路，感谢这突如其来的变故，让你有了锻炼身体的机会，而且你一直有骑自行车上班的计划，只是停留在想法上，迟迟没有付诸行动，感谢上天逼着你做出了改变，于是你内心充满感激和欢喜地骑着自行车奔向公司。

门口封路这个事实不会因为你心里怎么想而改变，但是你心里怎么想却可以改变你今后的路。

男追女

"我和前夫都是彼此的初恋，恋爱的时候他对我很好，处处关心我、让着我，我也不需要做什么，只要接受这份爱就可以了。进入婚姻后，慢慢发现他对我的爱少了，我也不知道该怎么办，只是觉得婚前他给到我的爱是10分，婚后慢慢减少，我只有不停地要，想要到原先的10分，但是越想要，关系就变得越糟糕。后来我们虽然有了孩子，我还是选择了离婚。"

这是一位中年离异女士对自己之前一段婚姻的简单描述。导致离婚的原因有很多，我们这里重点分析下男追女这种恋爱方式的弊端。

无论是从人的生物性特征，还是从我们的文化背景和社会现实来看，男人追求女人是一种普遍的占绝大多数的恋爱模式，尤其是像上面这个个案中，彼此都是对方初恋的男追女恋爱模式就有可能出现一个重大的弊端，我称之为"无知的无回馈式的恋爱模式"。

当一个没有恋爱经验的男生追求女生时，是"疯狂"的；当一个没有恋爱经验的女生被"疯狂"追求时，她对爱的需求是"贪婪"的。这两个人有一个共同的特征就是对爱的"无知"，这种"无知"体现在男生身上就是我可以把能给你的全给你，对你好、对你忍让、对你包容，鞋带松了可以帮你系，剩饭可以帮你吃，风可以帮你挡，雨中可以等，当时的我对你只有一个要求，就是你接受我的一切好。对爱"无知"的女孩对这种全天候的保姆式的无微不至的好全盘接收，稍有不如意时只要皱皱眉头，男生就会哄，就会道歉，就会弥补，女生慢慢地就会觉得这一切都是应得的，在这种没有反思的舒服的无知的状态下走进了婚姻。

这里的"无知"指的是对爱的无知：可以"疯狂"地爱一个人，也可以"贪婪"地接纳对方的爱。但我们要知道的是：

（一）对这种爱要珍惜，因为热恋时的爱很可能像夜空中划过的流星，在整个人生中是短暂的，但是短暂并不代表它不闪耀，不代表它是假的，它是真实存在过的，只是短暂而已。所以千万不要以为流星划过后的夜空是假的，那是人生的主色调，也是真实的，我们要做的仅仅是接纳这颗流星的闪耀和闪耀过后的夜空。

（二）这种爱是需要回馈、需要互动的，但是在当时男孩没有要求，女孩也没有这个意识。当婚后激情退去，男人需要女人爱的回馈和互动时，女人却以为男人还应该给予她那种全天候式的保姆式的无微不至的爱的模式才是正确的，才是对的。于是男人用情绪来索要回馈和互动，女人用情绪去抱怨男人的需求，女人以为男人变了，以为自己就应该一直是那个被"疯狂"爱着的对象。

（三）这种爱是需要觉醒的，满足对方一切的爱是一种溺爱，是一种过度的爱，是一种没有要求的爱，是一种不平等的爱，是存在重大隐患的爱。当你给予时也要适当提出自己的需求，互相满足才是健康的爱；当你得到爱时也要知道对方想要什么，互相看见才是平等。

（四）这种爱是一种暂时被满足了的理想化的自我。每个人终其一生都在和理想化的自我作斗争。"疯狂"的爱对于爱的人和被爱的人来说都是一种理想化的自我满足。但是当爱回到日常生活，我们是不愿意脱下这件理想化的外衣的，如果你一直穿着这件外衣，就会离真实的生活越来越远。就像手里的沙子，你越想抓住，失去得就越快。理想化的爱是橱窗里的时装，你偶尔穿上走两步，在镜子中欣赏下是可以的，但是你要穿着上街是不一定合适的，洗衣做饭时穿着也是不合适的，买菜带娃时穿着更是不合适的。如果你想 24 小时都穿着，那么结果不是你离生活越来越远，就是生活离你越来越远。

| 第六章 |

海～说

LOVE

爱的激情会随着生理激素分泌的减少而减弱和退去，这是正常现象。一个人无法做到永远处在激情状态，否则身体和精神都是无法承受的，自然规律也不允许。所以不要再问你的爱人"你是不是不爱我了"等傻问题。应该感恩在激情退去后还能互相陪伴，而且彼此都要为这份陪伴创造更多的乐趣，而不是走向反方向。

只有提升自己的综合能力，才能谈自己想谈的恋爱。

喜欢和爱强求不来，不喜欢就果断拒绝，被人拒绝后就不要死缠烂打。

想要更多是人性，在爱里面能做到适度是智慧。

爱自己是本能，怎样爱自己需要方法，想要做到需要能力。

了解自己才能知道自己想要什么，能要到什么。了解他人才能知道对方想要什么，能要到什么。彼此了解才能知道你们的共同需求是什么，怎么去实现。

人来自家庭，大部分人最终也会走进家庭，不能因为婚恋一时的不顺就给自己戴上独身主义的帽子，还用各种理论进行武装。要知道被压抑和转移了的需求并不代表需求的消失，只有去面对、学习和成长才能不断满足自己的需求。

一个人成年独立，不仅指离开父母建立自己的家庭，而且从心理上也要慢慢独立。这种独立是既知道自己来自哪里，也知道自己去往哪里，建立好新家庭是对原生家庭最好的回馈。

生理上的脐带在孩子出生的那一刻就被剪断了，可是心理上的"脐带"却可能需要几十年才能断开。做父母的要从心理上允许孩子独立，允许他们拥有自己的家庭，这才是真正地爱孩子，而不是用爱的名义掌控孩子。

当你一旦想控制，那么你就会被所想的控制。

上天为你关上了一扇门，同时也为你开了一扇窗；为你开了这扇窗，同时也帮你关上了一扇门。至于哪个是门，哪个是窗，开了什么，关了什么，这些都需要我们用智慧去看到。

一个人能够在孤独中过好自己的生活和在繁华中过好自己的生活同样不容易。

孩子大部分的心理问题都和父母有关。这些问题解决不了的原因有：第一，父母意识不到问题出在自己身上；第二，父母有意识却没有改变和解决的能力；第三，父母有意识有能力却不想改变；第四，父母不改变自己，却拼命地改变孩子。每每看到这样的场景，我都觉得孩子和父母同样可怜。

孩子撒谎，第一是为了掩盖事实，第二是为了引起关注。

人总是趋利避害的，对自己有利的事去做，不利的事不做。如果一个人做了对自己不利的事，那只是个表象。

孩子就像镜子，可以照出父母和家庭的千姿百态。问题是当父母从孩子身上看到自己的丑态时，错误地认为是镜子的问题。

当父母带着情绪和孩子沟通时，孩子更多感受到的是你的情绪，而不是你讲的道理。要想让孩子听到你讲的内容，首先你要消化掉自己的情绪，在彼此都平静的前提下，你才能清晰地表达，孩子才能用心地聆听。

当你活得不如意不开心时，你可能是不真实的。这个真实指的是你看不到真实的自己，也不能做真实的自己。

婚姻不是谁定义出来的，是过日子过出来的，是在过的过程中不断调整出来的。

你以为神在天上吗？当你拥有大爱时你就拥有了神性，你就是"神"。神其实不神，神就是一个具有高觉悟，具有利他精神的人。如果在人生的某一刻你短暂地拥有了这些特质，那么那一刻你也是"神"。

"人生永远都不会晚,只要你从现在开始。"恋爱和婚姻也是,重要的是当你觉得晚了还不去行动时,那么这一刻过去了,你就会觉得更晚,于是永远都活在迟到的人生中。

有时候孩子拥有太多会让他内心产生更多的不满足,父母给予孩子太多的背后也存在着"操控"的心理。因为每个人都想通过自己的努力得到自己所需要的,这样才能获得价值感。如果过度满足剥夺了孩子的价值感,那么他就会通过更多地索取来体现自己的价值。我们要知道,任何一对父母都没有能力满足孩子所有的需求。

不是所有结果都会满足你的期待,有时候结果甚至和你的期待恰恰相反。中国有句老话:人生不如意事十之八九。

只要你的内心做到足够接纳,世界如何呈现你都是可以接受的。如果你的内心总是不接纳,不管世界如何呈现你都不会开心。

家庭的核心是夫妻,夫妻的核心是个人,个人成长得好,夫妻关系就好了,家庭自然也就好了。

恐婚就像驾驶汽车,你技术娴熟就不会恐惧开车,如果你开不好车,总是换车是解决不了问题的。

爱出了问题,人的心理就会"生病",要想治病,药方还是"爱"。

当你拥有时，你就要知道终将会失去，生命中的一切都是如此，包括生命本身。

当一个家庭"生病"时，每一个家庭成员都要参与治疗，只对某一个人发力，即使他有所好转，回到家庭中也会旧疾复发。

人总是会选择靠近强者，同情弱者，但是强者未必会允许你靠近，弱者却会欢迎你的帮助。

什么是叛逆？就是孩子12岁了，你还在用他6岁时的教养方式对待他，他自然会不适应，会反抗。

对于爱人可以有不喜欢甚至是讨厌的地方，但是不可以不接受，接受就是允许存在。就像孩子成年后要离开原生家庭，你的内心不喜欢、不舍得，但必须要接受。

新的时代有了新的变化，新的婚姻也对我们有了新的要求。

婚恋中的不甘心是一种赌徒心态，你输了600元不甘心，然后又投入了6000元，输了之后更不甘心，于是你又投进去6万元，输了之后还不甘心……于是你的人生就在越来越多的不甘心中度过，因为赌徒的结局是十赌九输。

珍惜是因为物以稀为贵，太多了就不会珍惜。人在拥有时不会珍惜，失去时就会后悔，这是正常心理，也是人性。

如果你想让一个人打你，总会有很多种方法。因为每个人都有自己的底线，你只要突破对方的底线就可以了。在两性关系中，我们要了解彼此的底线，不要试图去突破这个底线。

"家核"和"家和"同样重要。"家核"是指一个家庭的核心关系是夫妻关系，"家和"指的是家庭成员之间的和谐。

如果每个家庭都能做到夫妻关系是家庭的核心关系，每个家庭成员的关系都和谐融洽，才是家和万事兴。

夫妻最好的状态是共同进步，如果只有一方在提升，当二人之间的差距过大后，大概率提升了的一方会发生移情别恋。婚前我们选择伴侣要"门当户对"，婚后夫妻的发展也要"并驾齐驱"。

假如你的眼睛看到的景色就是你的人生，认知和能力就是你手中的相机，也是你改变生活的工具，怎么运用你手中的工具重新构图你的人生，选择权永远在你的手中。

"你躲在里面做什么？"
"你躲在外面做什么？"

躲在哪里不是最重要的，甚至连躲与不躲也不是最重要的，最重要的是你怎么认为。

我想人是无法完全战胜孤独的，你只能暂时面对孤独，却无法一生面对孤独。即使这个世界上有人选择孤独地过一生，他也很难长寿，因为对人际关系的需求是人的本能需求，只有在人际关系中人才能得到滋养。

婚恋中的门当户对放在现代社会来说不仅仅指外在条件，更多的是心灵、精神、心智模式等内在方面的门当户对。

一个人活得累，很多时候是因为内心有很多要求。

有些时候影响两性关系的第三者不仅仅是人，也有可能是事，比如因投入工作而忽略伴侣，那么工作就是某种意义上的"第三者"。

两个人在一起要有共同目标、共同利益，如果这些都没有，那么你们要有共同的爱好、共同的话题，如果这些也没有，那么你们要有共同的孩子。如果没有任何共同的地方，那么很难成为夫妻，即使成了夫妻也很难长久下去。

人与人之间既有物理边界，也有心理边界，边界和底线有相同之处，只是底线比边界的强度更大，所以伴侣之间要讨论和清楚彼此的底线在哪里，是哪些。想要关系和睦，就不要试图去突破彼此的底线。

一个人努力的程度来自动力的强弱，努力很重要，但是比努力更重要的是方法，方法不对可能努力白费。比努力和方法更重要的是选择，选择错了，再努力，方法再正确，可能离目标也会越来越远。所以培养一个人具有正确选择的能力是多么重要。

我们每个人的内心都有一些未完成但却一直想要完成的事情，比如小时候想要学习弹钢琴，因为种种原因没有学成。这些事情在我们有能力却没心力完成时，就有可能转移到他人身上，尤其是自己的孩子身上，而且很多时候这种转移是非常疯狂的，不管对方喜不喜欢，适不适合，开不开心。当我们这样做时，如果没有适当的觉察和改变，我们就是非常自私的。

为什么现代婚姻中出现的很多问题让人们无所适从？原因之一就是当下的婚姻功能和需求已经升级到了 2.0 版本，我们却还停留在 1.0 版本。比如对自我的了解、对异性的了解、沟通的能力、精神需求的满足、情感的满足、心灵慰藉等方面，这些你都升级了吗？

好的婚姻不等于完美的婚姻，因为：第一，完美婚姻不存在；第二，有不好的部分你才能更好地感受那些好的部分。人生的其他方面都是如此，好是相对的、是真实的，完美是理想化的，追求人生的完美是一种思维认知的陷阱。

| 第七章 |

婚恋咨询

* 婚恋情况自我评估

遇到婚恋方面的问题，有条件的人可以去寻求心理咨询师的帮助，但是心理咨询是要付出金钱和时间的，如果你在这两个条件上有难处时，可不可以自行解决问题呢？这一章就简单分享下怎么对一般的婚恋问题进行自我分析。

表 7-1 婚恋自我评估表

评估层面	评估内容	打分（满分 10 分）
生理评估	身体健康的评估	
	性的评估	
心理评估	性格评估	
	情绪评估	
情感评估	爱的评估	
	关系评估	
能力评估	生存评估	
	生活评估	

上面是一份简单的婚恋自我评估表，分 4 个层面 8 项内容对我们的婚恋状况进行评估打分。

无论你的婚恋状况是健康的还是出现了危机，都可以制作这样一个表格进行梳理和评估。

✻ 评估表内容诠释

前面的表格把婚恋情况分为生理、心理、情感和能力四个层面，你可以根据自己的实际情况分为三个层面或五个层面都可以，相关评估内容也可根据自己的实际状况进行填充，这是灵活的，不是刻板的。

就上面表格里的具体内容我们做一个简单的阐释。身体健康的评估很好理解；性的评估主要包含两个层面：一个是与伴侣性生活的和谐度，另一个是生育和养育的需求是否得到满足。性格评估的重点不是放在对方具体是什么样的性格上面，而是对方的性格你是否可以接受，接受度是多少，或者你们两个人性格的契合度是多少；情绪评估指的是情绪的相对稳定度和正常情绪是否可以通过正常的途径得到释放。爱的评估是彼此情感联结的程度；关系评估简单理解就是两个人之间的关系是否令彼此都感到舒服。生存评估指的是对创造和打理财富的能力的评估；生活评估指的是对于人情世故、家庭其他成员（父母、孩子等）的关系处理和家庭日常付出等方面的综合评估。

你也可以根据自己的实际情况和需求增加或减少具体评估项，比如生活评估，你可以再细分成人情往来、孝敬老人、照顾陪伴孩子、做家务等方面来进行更细致深入的评估。

每一项评估内容的具体含义由当事人自己去定义，没有标准答案，只要是你的真实需求和感受就可以。

✳ 自制婚恋自我评估表

咨是询问商量，询是征求意见，咨询就是以商量的心态去沟通，以谦卑的姿态去征求。

当你能够拥有这样的心态并能够做到这样的姿态时，就拿着你梳理好的婚恋自我评估表和你的爱人去分享你的感受吧。

在两个人都认同的部分商量一些方法和规则去提升关系的质量，在有分歧的部分先搁置起来，过段时间也许彼此就会有一些新的思考和心得。

如果你的伴侣有兴趣，也可以邀请他一起做婚恋自我评估表，你们可以把这当成一个游戏，看谁做得又快又好，还可以设置奖励和惩罚。你们可以先把自己表格中的内容解释给对方，也可以先互相交换评估表看是否可以理解彼此表格中的内容。

婚恋自我评估表还是一个能够深入了解彼此的渠道和工具，不相信的话，可以马上试试。

✳ 婚姻状况评估表

以下表格是以婚姻的三个功能作为评估内容的婚姻状况评估表。其设计方法及原则和前文的婚恋自我评估表是一样的，都是灵活的，可以根据自己的实际情况设计其中的内容。

两个表格又有所区别：第一，婚恋自我评估表既适合进入婚姻的人们，又适合恋爱中的群体；婚姻状况评估表只适合婚姻中或离婚后想对之前的婚姻复盘的人。第二，婚姻状况评估表增加了打分过低自己又觉得需要提升的部分，比如在经济方面自己的打分是2分，如果想把分数提升到5分，要实现这个目标需要用什么方法，使用这个方法后的效果是怎样的，如果结果还是没有达到预期，我们就要从头开始梳理，反思是打分评估出了问题，还是目标出了问题，还是方法无效需要换个新的方法。

表 7-2 婚姻状况评估表

婚姻功能评估	打分（满分10分）	目标	方法	效果	重新开始
情感	我爱你				
	你爱我				

续表

婚姻功能评估		打分（满分10分）	目标	方法	效果	重新开始
经济	自己					
	伴侣					
繁衍	生育					
	性					

✱ 婚姻状况评估表详解

婚姻状况评估表如果不去细分，只是从情感、经济、繁衍三个大的方面打分，要想把一段婚姻维持下去，起码其中两项是 OK 的，而这两项中情感是必含项。如果只有一项是满分，其他两项都是 0 分，无论哪一项 OK，哪两项不 OK，你都要立马采取行动改变现状，不然婚姻将会岌岌可危。

情感和经济 OK，繁衍不 OK 或者情感和繁衍 OK，经济不 OK，这两种情况都是可以持续的婚姻，但是如果其中不 OK 的那一项对于伴侣来说是非常重要的，也许不会影响到情感，但是会影响到婚姻。比如在情感和经济方面都 OK，但是丈夫有特别看重要生育男孩以满足传宗接代的观念，如果在现有婚姻中无法实现，就有可能在婚姻外和第三者生育子女，那么这种因为想要生男孩而出轨的行为并不能证明夫妻之间的情感是不 OK 的，但是却会导致离婚。

再比如情感和繁衍 OK，经济不 OK，一般情况下也不会导致离婚，尤其是在上一辈人的婚姻中，大部分家庭的经济条件比较一般，但是在现代社会，比较看重物质生活的一方也可能会被经济能力强的异性吸引，从而导致离婚。

如果经济和繁衍 OK，情感不 OK，那么婚姻破裂的可能性是极高的。尤其是在现代社会，大部分人不会在经济和繁衍 OK 的婚姻中度过一个没有情感甚至每天充满冲突的人生。

✳ 婚姻三大功能

只有经济，没有情感和繁衍的婚姻是利益至上。

只有情感，没有经济和繁衍的婚姻是盲目之爱。

只有繁衍，没有经济和情感的婚姻是传宗接代。

缺少三个功能中任何一个功能的婚姻都是功能不全的婚姻，都存在离婚的风险，只是风险大小的区别，三者都具备才是功能健全的婚姻。

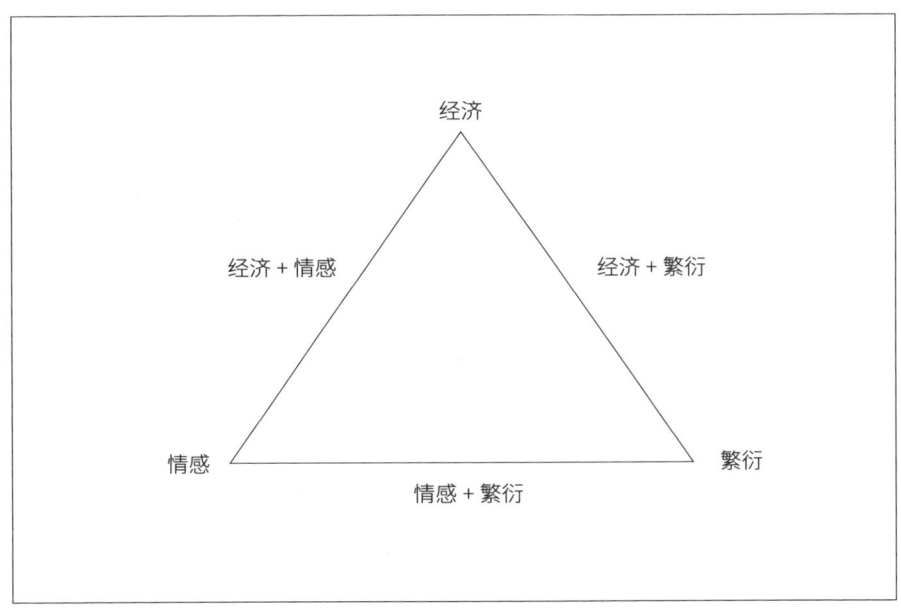

图 7-1 婚姻功能三角图

主要参考图书

郭念锋. 国家职业资格培训教程心理咨询师（基础知识）[M]. 北京：民族出版社，2015.